人力资源管理不只是人力资源管理部门的工作，还是全体管理者的职责。各部门管理者有责任记录、指导、支持、激励与合理评价下属人员的工作，负有帮助下属人员成长的责任。下属人员才干的发挥与对优秀人才的举荐，是决定管理者的升迁与人事待遇的重要因素。

TENGXUN

腾讯人力资源管理

陈 伟◎编著

古吴轩出版社

中国·苏州

图书在版编目（CIP）数据

腾讯人力资源管理 / 陈伟编著. — 苏州：古吴轩出版社，2018.8
ISBN 978-7-5546-1157-9

Ⅰ. ①腾… Ⅱ. ①陈… Ⅲ. ①网络公司－企业管理人力资源管理－研究－中国 Ⅳ. ①F279.244.4

中国版本图书馆CIP数据核字（2018）第148439号

责任编辑：蒋丽华
见习编辑：顾 熙
策　　划：花 火
装帧设计：润和佳艺

书　　名：腾讯人力资源管理
编 著 者：陈 伟
出版发行：古吴轩出版社
地址：苏州市十梓街458号　　邮编：215006
Http：//www.guwuxuancbs.com　　E-mail：gwxcbs@126.com
电话：0512-65233679　　传真：0512-65220750
出 版 人：钱经纬
印　　刷：河北盛世彩捷印刷有限公司
开　　本：670×950　1/16
印　　张：16
版　　次：2018年8月第1版　2019年6月第2次印刷
书　　号：ISBN 978-7-5546-1157-9
定　　价：58.00元

序

PREFACE

为什么是腾讯

2017年8月7日，腾讯总市值30375亿港元，超越阿里巴巴的3878.27亿美元（约30325.7亿港元），成为中国上市公司中最“值钱”的公司，在全球市值排名中位居第8。距离1998年11月11日腾讯创办还不满19年，它就完成了从初创时的懵懂青涩到龙头企业的华丽转身。

说实话，腾讯的创业过程并非一帆风顺，其间经历过多次资金短缺，以及来自竞争对手的无情挑战，腾讯一度窘迫得甚至要出售QQ。然而最终，历史选择了腾讯，腾讯也在一定程度上推进了人类全面迈进互联网时代的步伐。

我们知道，管理学中讲“管理之道，唯在用人”，人才是任何组织保持发展活力的源泉。人力资源管理就好比企业的地基，只有打好了地基，才能支撑起整个企业的战略。我们纵观腾讯近19年的发展历程，可以说，“人”的因素发挥着关键作用。实际上，卓越有效的人力资源管理是腾讯实现飞速发展的地基和保障。

正如腾讯创始人马化腾所说：“我面临的最大挑战就是人才奇缺，我们一直很欢迎优秀的人才加入我们，大家一起闯一番事业。”在腾讯，马化腾不仅是首席执行官（Chief Executive Officer，简称CEO），还是腾讯人力资源管理执行委员会负责人，足见企业自上而下对人力资源（Human Resource，简称HR）工作的高度重视。

其实，我们盘点任何成功的企业，无不发现人力资源工作在企业经营管理中发挥着至关重要的作用。例如，阿里巴巴创始人马云也曾总结“人是企业最宝贵的资产”。那么能否使人力资源管理在企业经营理念的统率下，选对人、用好人，培育人、留住人，打造出一支推动企业健康快速发展的员工队伍，将在很大程度上影响一个企业的成败。常言道“因人成事，事在人为”，企业之道，首在于人。

实际上，腾讯在成立后的很长时间内，并未设置独立的人力资源部门，但这并不意味着人力资源工作没有开展。比如，在创业初期的几年里，腾讯五位联合创始人分工明确，其中，马化腾负责产品体验与设计，张志东负责产品技术攻关，许晨晔负责企业信息资源管理，陈一丹负责公司内外的行政法务，曾李青负责市场拓展，这种岗得其人、人尽其才的人力资源优化组合强化了企业的合力，为其日后的人力资源管理工作注入了健康的基因。从这个角度上讲，腾讯从创立开始，就是一家重视人力资源管理的企业。

此后，随着企业发展的需要，腾讯在上市前的一年，即2003年，正式成立了人力资源部，并开始向BU（Business Units，业务部门）派出HR工作人员，为业务部门提供有针对性的、灵活的人力资源服务；腾讯还在2007年8月成立了腾讯学院，进一步满足人才培养、企业价值观贯彻的需要，使得人力资源管理工作更好地助力企业经营。

我们知道，腾讯的经营理念是“一切以用户价值为依归”，这个理念深深地影响并且指导了企业人力资源管理工作的开展。在2010年3月，借鉴国际盛行的HR三支柱架构模式，尤其是为了更好地落实企业的战略目标，腾讯正式提出建立人力资源领域专家中心（Center of Expertise，简称COE）、共享服务中心（Shared Service Center，简称SSC）和人力资源业务合作伙伴（HR Business Partner，简称HRBP）的HR三支柱组织架构，进一步清晰和强化了以客户价值为导向的人力资源管理组织结构，也为后来更好地支持企业组织架构变革奠定了基础。

接下来，基于互联网行业的快速迭代式发展，腾讯的组织架构在2012年进行了重大调整，从之前的业务系统制（Business Units）升级为七大事业群制（Business Groups），七大事业群分别是企业发展事业群（CDG）、互动娱乐事业群（IEG）、移动互联网事业群（MIG）、微信事业群（WXG）、网络媒体事业群（OMG）、社交网络事业群（SNG）和技术工程事业群（TEG）。

同时，腾讯从创造HR价值的角度出发，对HR工作进行了重新定位，确保人力资源部门在企业战略推进和落地过程中成为可以信赖的分支，发挥出HR工作应有的独特价值。

其中，腾讯人力资源体系中的HRBP发挥紧贴业务的作用，在每一个事业群或职能系统中都设有HR中心，成为业务部门专业的HR顾问，为业务部门提供有针对性的“一站式”HR解决方案；为了进一步将HR服务产品化，从而为客户和用户提供端到端的交付服务，腾讯在2014年将SSC升级为共享交付中心（Shared Deliver Center，简称SDC），搭建起HR业务运营和功能管控的统一平台；腾讯人力资源体系中的COE下设四个部门，分别是人力资源部、腾讯学院、薪酬福利部、企业文化与员工关系部，COE的主要作用是根据公司的战略导向，拟定有战略延续性的HR政策与制度，在公司HR管理中发挥前瞻性的牵引作用。

下图是腾讯的HR三支柱体系示意图：

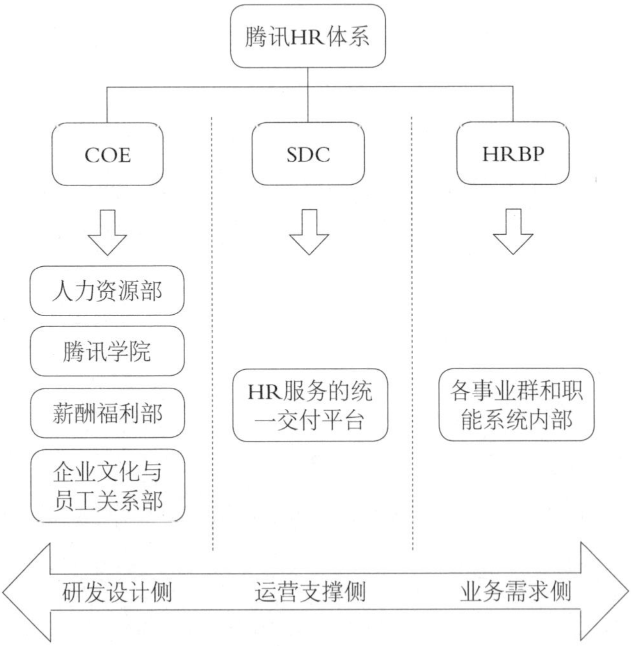

腾讯HR三支柱体系示意图

在上图中，HRBP深入各事业群和职能系统内部，确保HR服务与业务部门的深度融合，为业务部门提供有针对性的解决方案；SDC提供了HR服务的统一交付平台，在很大程度上提高了HR事务性工作的效率；COE在战略层面将HR工作与企业发展目标有机衔接起来，统筹规划HR工作的全面开展。

依靠这套行之有效的HR体系，腾讯将4万多名员工（2017年8月数据）高效地组织起来，不仅积极发挥了员工的主观能动性，还提高了员工对HR工作的满意度。举例来说，腾讯多次在前程无忧、智联招聘等国内外知名人力资源专业机构举办的“最佳雇主”评选活动中荣登榜首，成为很多求职者心向往之的企业。

另据调查显示，公众心目中的理想雇主应具备的特征包括：尊重员工，完善的福利待遇，公平公正的用人机制，与员工贡献度相匹配的薪酬回报，吸引人的企业文化，等等。总结起来，公众心目中的最佳雇主内核可以概括为“有情、有利、有制”。也就是说，企业对员工有情有义，能够赋予员工相匹配的物质和精神回报，能够为员工提供公平有序的工作环境。无疑，腾讯正在朝着这个目标努力地前进着。在通常情况下，企业在人力资源管理上的成功，会让企业获得健康快速发展的丰厚回报。

比如，腾讯能够在极具挑战的互联网世界里胜出，从一个初期的“小企鹅”发展为几乎遍及互联网每个角落的巨型企业，成为行业乃至时代的佼佼者，与广大腾讯人十几年的奋斗拼搏是分不开的。

从某种程度上来说，描绘腾讯这样的“巨无霸”型互联网企业的人力资源管理，堪称一项艰巨的工程。为此，我们长期以来，结合腾讯的发展历程、经营之道、企业文化，以及人力资源管理领域的六大模块（人力资源规划、招聘与配置、培训与开发、绩效管理、薪酬福利管理和员工关系管理），对腾讯人力资源工作进行了深度剖析、梳理与总结，努力发掘腾讯人力资源管理的内核，为读者提供切实有效、方便快捷的知识服务。

最后，在当今互联网时代，行业边沿渐趋模糊，跨界发展已成趋势，人力资源管理工作也发生着深刻的变革。腾讯处于互联网时代的滩头前沿，它是如何有效地管理起一支庞大的高水准、高素质的队伍，并且令这支队伍满怀激情地不断向前冲锋，推动着企业一次又一次地前进？对此，《腾讯人力资源管理》一书会给我们提供一系列有益的参考和思路，包括互联网行业，但不限于互联网行业，毕竟各行各业都在竞相参透“互联网+”的局。

希望本书能够在人力资源管理方面给您提供一个新的视角，对您有所裨益，谢谢！

目录

CONTENTS

上篇 腾讯HR管理体系

下篇 腾讯如何育人留人

上篇

腾讯HR管理体系

腾讯从做一款产品起家，在激烈的竞争中得以生存下来，除了各种运气，
关键在于“一切以用户价值为依归”，一心只想做好产品体验。
随着企业步入成长期，员工数量剧增，
我们开始学习用更专业、人性化的方法助力员工的发展。
自始至终，用户、员工是我们的两条生命线。

以上内容源于腾讯董事会主席兼CEO马化腾在“2015腾讯全球合作伙伴大会”上发表的一封公开信。
在这封信里，马化腾强调了“一切以用户价值为依归”的经营理念在腾讯发展中所起的关键作用。
与此同时，以用户价值为导向的产品思维也深深地影响了腾讯的各个方面，
包括人力资源管理。

第一章

腾讯HR三支柱

从腾讯人力资源管理的发展历程来看，腾讯最先设置人力资源部时，是按照传统职能的六个模块（人力资源规划、招聘与配置、培训与开发、绩效管理、薪酬福利管理和员工关系管理）来划分的。随着员工队伍的壮大，为了更好地服务广大员工，使得HR管理能够有效对接企业发展的战略目标，腾讯实施了HR三支柱体系，在原有人力资源部的基础上衍生出了COE、HRBP、SDC，这也就是现在腾讯HR体系的宏观架构。

其中，COE下设四个部门，即人力资源部、腾讯学院、薪酬福利部、企业文化与员工关系部；HRBP在腾讯的七个事业群和一个职能系统中都设有HR中心；SDC包括HR信息建设中心、HR系统开发中心、运营服务中心，以及四个区域（北京、上海、成都、广州）人力资源中心。

如何让一只大象跳舞

腾讯在初创时仅有5位合伙人，随着公司业务的快速发展，员工数量也不断增加，在2010年时，腾讯员工总数就已突破了1万，截至2017年8月，腾讯员工已经超过4万人。

面对一支如此庞大并且涉及多条业务线的员工队伍，怎样才能避免“大公司病”，来保障公司的运营效率和节奏呢？对此，腾讯在长期的人力资源管理实践中采用了国际盛行的HR三支柱。在这里，我们先来了解一下HR三支柱的由来及内涵，便于大家理解腾讯为什么采用HR三支柱。

HR三支柱的概念最早由人力资源管理大师戴维·尤里奇（Dave Ulrich）在1992年时提出。尤里奇认为，人力资源部不能仅仅是行政支持部门，不应再把重心放在员工招聘或管理薪资福利这样的传统事务上，而是要把重心放在为企业创造价值上。

也就是说，人力资源部存在的意义不在于做了多少事情，而在于给企业带来什么成果——能帮助企业创造多少价值，为客户、投资者和员工提供多少有价值的服务。人力资源部的新使命要求人力资源工作者彻底变革自己的思维方式和行为方式，也促使企业高管将人力资源部门当作一项业务来投资与运营。

为此，尤里奇把HR职能从传统意义上的六大模块（人力资源规划、招聘与配置、培训与开发、绩效管理、薪酬福利管理和员工关系管理）划分为新的三支柱模型，赋予HR三种角色，分别是COE、HRBP、SSC。如图1-1所示：

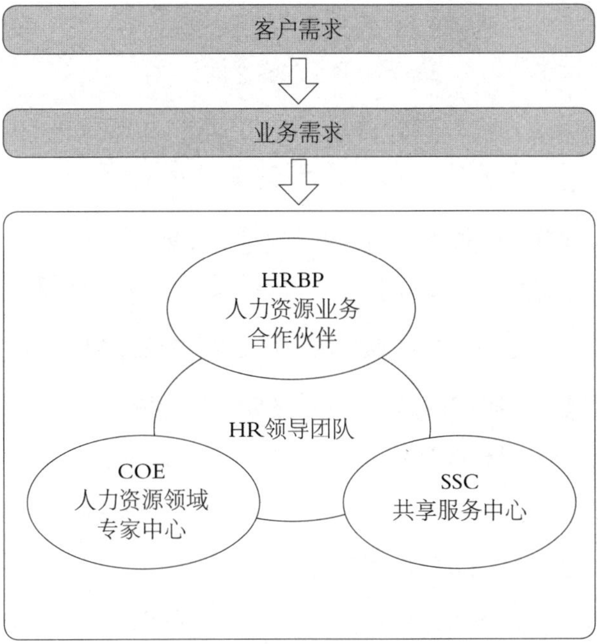

图1-1　企业HR三支柱示意图

从图1-1中我们可以看到，人力资源部门会有客户，会面临一系列业务需求。为此，人力资源部门要能够回答：自己的客户是谁，客户的需求是什么。人力资源部门通过满足客户的业务需求，进而为客户创造和提供价值。

借助营销中的客户细分理论，HR可以把自己的客户分成三类：第一类是高层管理人员，他们的需求主要围绕着战略执行所需的组织、人才、文化、制度及变革管理等方面的支持；第二类是中层管理人员，他们的需求主要围绕着人员管理方面的咨询、辅导和工具；第三类是员工，他们的需求主要围绕着解答政策方面的疑问，并提供便捷的服务支持，例如劳动合同、入职手续、薪资发放等。

其中，第一类客户的需求呈现高度定制化的特征，第三类客户的需求相对标准化，第二类客户的需求介于二者之间。

为了满足客户的定制化需求，HRBP角色应运而生。HRBP的职责主要是挖掘内部客户需求，为客户提供咨询服务和解决方案。确保HR贴近业务需求，是HR从职能导向转向业务导向的关键。

HRBP要为客户提供解决方案，意味着HRBP需要同时精通业务及HR各个领域的知识，而在现实中，既精通业务又精通专业技术的人才往往很少，于是，就有了专业细分的需要，这便是COE产生的原因。

COE的角色是领域专家，类似于HR领域的技术专家，他们借助在本领域精深的专业知识和熟练的实践技能，负责设计业务导向，创新业务流程、方案、政策等，为HRBP提供技术支持。

为了保障HRBP和COE分别聚焦于咨询、战略性的工作，就需要使其从传统事务性工作中解脱出来。于是，针对HR的第三类客户——员工，其需求往往是相对同质的，存在标准化、规模化的可能，便出现了SSC。

SSC是HR标准服务的提供者，他们负责解答管理者和员工的问询，统一处理事务性工作，帮助HRBP和COE从常规事务性工作中解脱出来，同时对服务的满意度和HR运营状况负责。

HR的角色一分为三后，实现了HR业务导向和公司战略目标的一致性。其中，HRBP的使命是确保HR实现业务导向，贴近业务，解决业务问题；COE的使命是确保全公司政策、流程和方案框架设计的一致性，并基于HRBP反馈的业务需求，在整体一致的框架下保留适度灵活性；SSC的使命是确保全公司服务交付的一致性，为全公司提供标准化、统一化的HR服务交付。

HR三支柱理念早期曾经在IBM得以实施，帮助IBM成功地降低了人力资源成本，提高了运营效率。鉴于IBM在HR三支柱方面的成功实践，HR三支柱也逐渐在国际上流行起来。如今，越来越多的公司在招聘HR人员时，面试题正在从过去常问的“你擅长人力资源六大模块中的哪几块”过渡到“你会操作人力资源三支柱吗”。

腾讯在2010年3月正式提出在公司内部建立HR三支柱的架构，并在实践中予以创新性地开展；2014年，腾讯为了进一步将HR服务产品化，为客户、用户提供端到端的交付，便将SSC升级为SDC。

腾讯COE：HR战略引擎

在腾讯，COE是最先成立的HR支柱。腾讯COE中的文化、培训、绩效管理等职能围绕着组织充满活力的、专业高效的团队与人才的战略导向，支撑着组织战略的落地实施。COE根据公司的战略导向，拟定前瞻性的HR战略，制定有战略连接性的HR政策制度，同时负责方法论、工具的研发与指导，在各专业职能领域推动变革，为公司创造价值。

在组织架构上，腾讯COE由人力资源各职能部门构成，包括人力资源部、腾讯学院、薪酬福利部、企业文化与员工关系部，每个部门下又设置了一系列分支子部门。如图1–2所示：

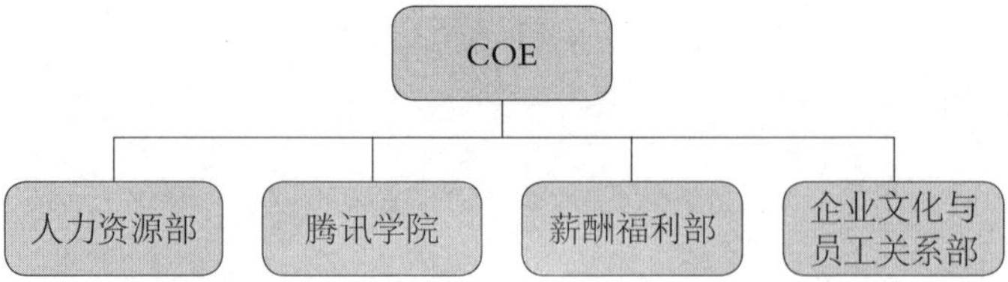

图1–2　腾讯COE架构示意图

COE在腾讯内部只是一个统称，不同部门、不同职位对COE的叫法也会有所区别，例如C招聘，是指COE的员工招聘职能，CER是指COE的员工关系管理职能，COD是指COE的组织发展职能，等等。在腾讯，并非总部的人力资源部门才叫COE，COE是若干职能的集合。

在腾讯COE中有一个部门是人力资源部，不免让人有些困惑。在通常情况下，很多企业的人力资源部涵盖了人力资源管理的所有职能工作，而腾讯的人力资源部仅是COE中的一个部门。

从腾讯HR发展历程来看，腾讯最先有的是人力资源部，当时，人力资源部是按照传统职能的六个模块来划分的。腾讯在实施HR三支柱以后，其他人力资源的新增部门几乎都是从这个人力资源部衍生出来的，相当于对人力资源部这个母体的职能进行了剥离，旧有人力资源部中的招聘和组织发展职能被一直保留下来。

COE下的人力资源部包括三部分，分别是招聘调配中心（C招聘）、组织发展中心（COD）和活力实验室；薪酬福利部包括长期激励管理组、福利管理中心、员工薪酬中心、薪酬福利综合组、绩效管理组；腾讯学院包括领导力发展中心、职业发展中心、培训运营中心；企业文化与员工关系部包括劳动关系组、沟通传播组、组织氛围组。

当然，随着企业发展的需要，COE的上述组织架构也在变化调整中。其中，腾讯的企业文化主要由COE下设的企业文化与员工关系部负责。

企业文化与员工关系部的前身是在2008年成立的一个企业文化委员会，后来逐步演变为企业文化部，这个部门的使命是打造腾讯文化。在腾讯引入HR三支柱模式后，企业文化部归入COE的这个支柱，扮演文化宣传的专家和大脑的角色。腾讯在2013年将企业文化部与员工关系中心合并为企业文化与员工关系部，两者的合并有些渊源。

员工关系中心曾经隶属于COE的人力资源部，主要具备三方面的职能：一是组织氛围建设，比如，员工沟通体系建设、重大信息发布、荣誉激励体系建设、员工关怀（健康检查、健康顾问等）、礼金与慰问金管理等；二是劳动关系管理，比如，劳动关系体系构建、用工规范、离职管理、纪律管理、连接HR热线等；三是资源平台，如员工数据中心等。

不难看出，员工关系中心承担的员工沟通、信息发布平台等职能与企业文化的职能有很多共性。于是，腾讯在2013年将COE企业文化部与隶属于COE人力资源部的员工关系中心合并为企业文化与员工关系部，该部门主要承接组织活动战略，聚焦于强化员工职业化、强化沟通等战略的实施，同时还起到咨询师的作用，例如策划整个公司层面的大型文化活动，宣导公司文化理念，诊断、分析并提炼出公司文化的价值，等等。

除了上述谈到的企业文化与员工关系部，COE支柱中的其他部门也都借助在相应领域精深的专业知识，在设计HR业务导向，创新HR政策、流程和方案，以及为HRBP提供适合业务的定制化人力资源解决方案上起着重要作用。可以说，COE肩负着人力资源各个职能的政策制定、专业研究等任务，某种意义上在HR体系中起到了战略引擎的作用。

腾讯HRBP：业务部门的好搭档

腾讯HRBP主要从业务层面出发，致力于打造强有力的雇主品牌，吸引优秀人才加入腾讯。同时，针对业务产品的招聘需求，以定制化的解决方案引入人才助力业务快跑。HRBP还会根据市场行情定期进行人才更新。

在腾讯HRBP内部，通过细化分工，又可以分为三个模块，如图1-3所示：

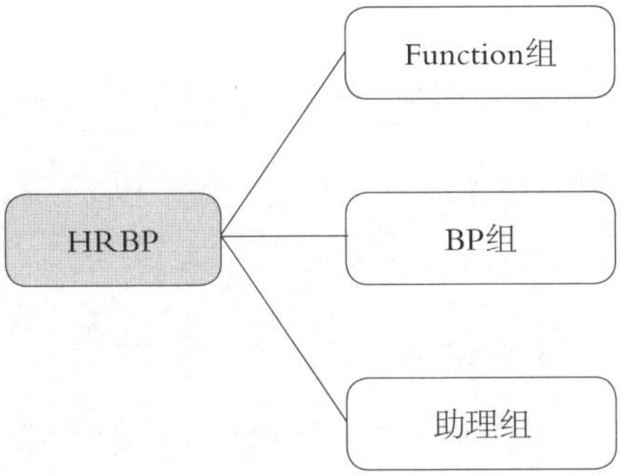

图1-3 腾讯HRBP的内部分工示意图

在图1-3中，Function组主要与COE对接，一方面保证政策落地实施，另一方面推动COE完成任务；BP组参与到业务当中，打破模块的界线，针对业务问题提供完整的解决方案；助理组与SDC对接，主要处理事务性工作。

腾讯HRBP内部分工的三个模块互相协作，与COE和SDC妥善对接，高效地处理HR中心的工作。举个例子来说，当COE给出篇幅多达上百页的政策时，与其对接的Function组把这份上百页的资料交给BP组，BP组要对这些政策进行深入的理解，并根据业务部门的实际情况提炼出最有效的部分，提炼后的篇幅不过几页，最后输出给业务部门，便于业务部门的高效执行。

为了更好地理解HRBP是如何助力公司业务运营的，我们以腾讯内部的一次组织变革为例予以阐述。

2012年5月18日，腾讯进行了公司创立以来最大的一次组织变革，腾讯内部将其称为“518变革”。在这场组织变革中，腾讯启动了移动互联网事业群（MIG）架构调整，主要变动是手机QQ和超级QQ业务调至社交网络事业群（SNG），手机游戏对外合作部门调至互动娱乐事业群（IEG）。“518变革”将这些核心产品从MIG分离了出去。

一系列核心产品被分离出去后，留给MIG的只剩下手机安全、浏览器，那时，应用宝刚刚进入市场，还是一个处于雏形期的产品。MIG的员工一度认为手机安全这个产品生存不过三个月，浏览器又比不过竞争对手，所以不少人对产品未来的发展缺乏信心。

对此，HRBP与MIG管理团队充分考虑到小团队作战的灵活优势，决定在组织架构上采用FT模式对事业群团队进行大刀阔斧的改革。FT（Feature Team，特性团队）是以用户为中心，打破原有的技术分工（如开发、设计、测试），按产品特征灵活组建的团队。FT模糊角色分工的概念，以产品特征为最终交付价值，目标明确，权责清晰，根据产品需求临时或长期存在，倡导团队共同完成产品特性，从而创造端对端交会的价值。

管理层将150人的团队分成10个FT，每个FT都配备功能齐全的岗位，包括研发、运营、设计，使得产品的每个功能都有责任人，权、责、利更加清晰。以前的项目经理称为FTO（相当于创业公司的CEO），这样一来，员工迅速有了主人翁意识，重燃了团队的活力。

在这场组织架构的变革中，HRBP发挥了重要的作用，诸如提供组织变革的方法与工具，设计FT团队的绩效考核方案，积极与员工沟通交流以诠释变革的意义，等等。HRBP相当于这场组织变革的催化剂，驱动了MIG团队的组织变革，提升了MIG的活力。

2015年12月18日，腾讯首次设立代表公司级里程碑产品的最高荣誉的“名品堂”，并以重量级奖金激励入围的产品；MIG负责研发的腾讯手机管家、手机QQ浏览器、应用宝三款产品就入围了这届“名品堂”，这在某种程度上彰显了MIG团队的成功。

实际上，HRBP通过驱动业务部门采用FT模式，使得每个小团队的成员都充满了创客（指勇于创新，努力将自己的创意变为现实的人）精神，敢于主动去尝试技术和应用创新，在一定程度上也规避了“大企业病”。

总的来说，腾讯HRBP在组织层面，从HR视角出发参与业务部门的管理工作，联动COE和SDC，向业务部门输出有效的HR解决方案，支持企业的有益变革并参与变革行动；在个人层面，HRBP人员打破了传统HR思维，颠覆旧的认知，将业务部门当作自己的客户，从服务的角度向业务部门提出建议、推动变革，为业务部门创造业绩，从而有效地促进业务部门目标的达成。

腾讯SDC：做最好的HR产品交付

人力资源共享服务中心（Human Resources Shared Services Center，简称HRSSC）是指企业将各业务单元的所有与人力资源管理有关的行政事务性工作（如员工招聘、薪酬福利核算与发放、社会保险管理、人事档案及人事信息服务管理、劳动合同管理、新员工培训、员工投诉与建议处理、咨询与专家服务等）集中起来，建立一个服务中心。该中心为集团所有的业务单元提供人力资源管理服务，业务单元为其支付服务费用。SSC有助于实现共享服务的内部市场化，通过为内部客户提供统一化、专业化、标准化的高效服务而创造价值，从而在很大程度上达到了整合资源、提高效率、降低成本的目的。

腾讯在引入包括SSC在内的HR三支柱后，考虑到在移动互联网时代，员工个性化需求日益突出，以及业务需求对HR工作的效率和程度提出更高的要求，于是，腾讯开启了SSC的升级换代之路，以用户对HR的需求为核心推动力，在2014年将SSC升级成为产品化、体系化、信息化的共享交付平台（SDC）。

不同于以往SSC注重运营服务工作，腾讯SDC还包括了HR信息建设中心、HR系统开发中心、运营服务中心，以及四个区域（北京、上海、成都、广州）人力资源中心。另外，与大部分公司自上而下的管理理念和管理模式不同，腾讯SDC源自基层用户的需求，属于自下而上地对用户需求的采集、甄别和实现。

腾讯SDC的发展主要经历了三个阶段：第一阶段，在2010年以前，腾讯从HR部门分出一些人到各个区域里满足不同业务部门的需求，这是区域人力资源中心的开端；第二阶段，在满足了区域的需求后，腾讯发现总部也存在一些烦琐的事务需要HR的支撑，例如，招聘部门的负责人每天都需要花费大量时间去处理一些与招聘无关，却又必须要做的行政事务，于是，腾讯在2010年成立了人力资源平台部，帮助HR处理烦琐的行政事务，让专业HR能专注于更有价值的事情；第三阶段，也就是在2012年，腾讯对人力资源信息化的整体脉络进行梳理，将各个孤立的信息系统及系统数据进行大整合，成立了HR信息建设中心，在2013年，腾讯又成立了HR运营服务中心，从而更好地运营人力资源服务平台，同时，为了解决人力资源系统开发中的专业技术问题，腾讯在2015年正式将HR系统开发中心并入SDC。

可以说，腾讯SDC从用户需求出发，在实践与探索中抓住关键问题，逐个击破，一步步发展成完善的共享交付平台。那么，SDC与SSC相比，有哪些不同呢？主要有以下几点：

（1）从共享事务到共享资源。SSC主要是共享事务，SDC则是共享资源，通过对资源、能力、团队的共享，达到主动提供一站式交付的效果，目的是实现交付的集中化。

（2）从被动响应到主动关注用户需求。传统的SSC是对HR事务性要求的被动响应，SDC则突破了SSC在整个交付链条里仅是执行层面的一个环节的局限，并且以用户的需求为出发点，通过深入挖掘用户需求进行超出预期的交付，从而最大限度地满足用户的需求。

（3）从服务于基础人事工作到同时满足多端需求。传统的SSC仅限于规范化、规模化、标准化的工作，强调的是共享和服务于具有稳定流程的基础人事工作；SDC则强调工作的灵活性，不仅要求对员工端HR基础事务的及时受理，还要求对业务端HR共性需求的标准交付，以及对COE及HRBP端予以有力支持。

（4）从数据化分析到大数据管理。传统的SSC产生的是招聘、培训、绩效、薪酬和员工关系等职能模块的统计数据，SSC要对这些统计数据进行分析和监控，这种对人事工作进行事后总结的做法有着明显的滞后性；SDC建立的大数据团队则优化了人力资源数据分析能力，能够有效地帮助人力资源管理者进行预测式管理。

（5）SDC基于用户需求创新性地打造了一条HR供应链。在这个过程中，首先，SDC为用户建立触手可及的需求响应通道，并且搭建了HR服务生态圈，用户可以在手机端或电脑端的页面上轻松地填写需求，并反馈给SDC；其次，SDC把响应用户需求变成一个平台支持，用做产品的思维做HR工作，让交付产品变得丰富多样，确保SDC在明确标准化的基础上，还强调了业务的弹性；最后，推动用户在SDC平台上更多地自管理，推动组织更好地自运转。

总之，腾讯SDC通过一系列努力，使得SDC工作变得更有用户属性、产品属性和趣味属性，从而使得越来越多的用户在SDC提供的服务平台上自助式地选择相应的HR服务，提高了腾讯内部的运转效率。

腾讯链接：腾讯HR发展历程

腾讯从创业至今，其人力资源管理主要经历了三个阶段：

1. 人力资源管理建立期（1998~2003年）

1998年，腾讯在深圳注册成立。当时由于员工人数较少，人力资源管理职能还较为简单，公司没有设置独立的人力资源管理部门，由腾讯创始人之一陈一丹来主管负责人力资源与行政工作。

2001年，腾讯的人力资源工作仍与财务、行政统一称为财务行政人事部，公司人力资源管理还不完善。当时，人力资源管理的主要工作是负责招聘员工和进行内部审计。

2002年，腾讯的员工规模达到200多人，公司的行政职能从原来的财务行政人事部剥离出来，财务与人力资源管理仍然统一于财务人事部。在这一时期，腾讯整体的规模还不是很大，公司主要面临业务上的压力，人力资源管理多为传统的事务性工作。

2003年，腾讯的员工人数急剧增加，人力资源管理工作也越来越重要，于是，腾讯正式成立人力资源部，人力资源管理职能正式独立出来。当时，人力资源部的人数很少，只有7～8名员工。尽管腾讯这时的人力资源管理仍比较简单，但“员工是企业第一财富”的观念渐渐深入人心。

总的来说，第一阶段处于腾讯公司的初创期，公司亟须建立起独立的人力资源管理体系。这个阶段的人力资源管理工作以招聘、薪酬等职能性工作为主，人力资源部扮演的角色为行政职能类，角色单一。腾讯在这个阶段的人力资源管理工作是以职能为导向的，但在管理理念中已经出现了以客户价值为导向的思想萌芽。

2. 人力资源管理发展转型期（2004～2009年）

2004年6月，腾讯在香港联合交易所主板正式挂牌，成为一家上市公司。此后，腾讯的发展势头愈加迅猛，员工队伍也迅速壮大。

2005年，腾讯的员工人数已经突破2000。如何在员工数量猛增的情况下保持原有企业文化不被冲淡，成为人力资源管理工作面临的一个很大挑战。为此，腾讯人力资源部牵头做了一些文化宣导的项目，腾讯公司也提出了四句管理理念：“关心员工成长，强化执行能力，追求高效和谐，平衡激励约束。”

2006年，腾讯的员工人数已经接近3000，公司管理出现人才急缺的窘况。管理干部的培养亟待加强，同时，公司也迫切需要根据企业的战略需求来全方位地培养和发展员工，这对培训提出了更高的要求。

2007年9月，腾讯成立了中国互联网行业的第一所企业大学——腾讯学院，以培养更多优秀人才为核心目标，致力于搭建一个有腾讯特色的学习型组织。

2009年，腾讯的员工超过6000人，公司层级也产生了变化。以前分为三个层级，分别是员工层、部门经理层、高管层；后来在员工层和部门经理层之间增加了一个基层管理干部的层级，从而灵活高效地支持一线业务单元的人力资源工作。其间，人力资源BP（Bussiness Partner）团队也开始建立。

总的来说，在这个阶段，腾讯面临着企业文化被稀释，人才储备和培养跟不上企业发展，等等问题，为此，腾讯专门成立文化管理委员会和腾讯学院，逐步建立起员工职业发展和培训体系。公司对优化和增强人力资源管理的要求增强，人力资源管理的职能与角色急剧扩增，战略性角色和员工合作伙伴角色开始显现。

3. HR三支柱时期（2010年至今）

2010年，腾讯正式提出要建立HR三支柱。其中，腾讯人力资源专家中心（COE）的主要职责包括：负责人力资源前瞻性的研究；参与并解读公司战略，对接企业战略；规划人力资源战略；制定人力资源制度和政策；作为智囊团，提供人力资源专家支持。COE负责的职能模块主要有招聘管理、绩效管理、薪酬福利管理、组织发展管理、员工关系管理、企业文化管理等。

腾讯人力资源业务合作伙伴（HRBP）的主要职责是针对公司内部客户，即员工的需求提供人力资源的专业分析和支持，协助各业务部门负责人以及管理干部做好在员工发展、梳理需求、发掘人才、整合资源、培养能力等方面的工作，帮助业务部门各级干部培养和发展人力资源管理能力，并协助业务部门开展人力资源管理工作。

腾讯人力资源共享服务中心（SSC）是处于人力资源专家中心（COE）和人力资源业务合作伙伴（HRBP）之间的一个承接性的支柱，为各个事业群内部客户提供统一的专业化和标准化服务，从而达到整合资源、降低成本和提高效率的目的。

2014年，为了更好地为客户和用户提供端到端的交付服务，腾讯将SSC升级为SDC，至此形成了有腾讯特色的HR三支柱体系。

总的来说，在这个阶段，腾讯在HR三支柱领域进行了积极探索与实践，并形成了有公司自身特色的HR三支柱，搭建起了客户价值导向的人力资源管理组织结构，在人力资源管理层面支撑腾讯的健康、快速发展。

延伸阅读：阿里巴巴的HR三支柱

源于西方的HR三支柱理念引入我国后，对我国企业的人力资源管理转型升级产生了重要的影响。在早期探索与实践HR三支柱理念的企业中，有阿里巴巴、腾讯、华为等，这些企业将HR三支柱理念不同程度地与自身实际相结合，从而搭建起了各具特色的HR三支柱体系。在此，我们来看下阿里巴巴是如何搭建起HR三支柱的。

1999年，马云与17个合作伙伴在杭州创办了阿里巴巴网站，致力于在网上做国内外批发贸易市场，标志着阿里巴巴的诞生，这18个人也被称为阿里巴巴的“十八罗汉”。创业不久，阿里巴巴陆续获得多轮融资，注册用户数也在快速增加。

2001年，为美国通用电气公司（General Electric Company，简称GE）服务25年的关明生加入阿里巴巴，帮助其打造了一套与国际接轨的绩效管理体系，奠定了阿里巴巴绩效管理的基础。这一时期，阿里巴巴对于人作为资本而非成本的诠释是，员工首先认同并符合企业的价值观，其次才是业绩和具备阿里巴巴业务发展所需要的技能和潜力。

2003年，阿里巴巴开始实施价值观考核。对此，阿里巴巴前首席人力资源官彭蕾曾说："我觉得价值观考核就像一根绳子，在我们的队伍规模快速扩张的时候，抓住这根绳子，我们才得以保持阿里巴巴文化的凝聚力，才能在激流险滩中不被冲散。我们对价值观绩效考核，其实就是在不断地把价值观融入渗透到公司文化的血脉中。"

2004年以后，随着阿里巴巴B2B（Business-to-Business，企业对企业）业务高速成长，员工队伍随之猛增，企业内的层级也在增加。针对这种情况，阿里巴巴创始人马云陷入深深的思索：如何保证在企业层级增多，跨区域发展成为趋势的情况下，有效保证一线员工的价值观传承？

2004～2005年，《历史的天空》和《亮剑》两部军事题材的连续剧热播，《历史的天空》中的张普景政委和《亮剑》里的赵刚政委给观众留下了深刻印象，这两位政委既有好的军事素养，又懂政策。很快，马云将这两部影片的DVD发到了管理层手中，要求管理层通过看连续剧来进行深入探索和学习，这是阿里巴巴业内闻名的"政委体系"的灵感来源。

阿里巴巴的"政委"在阿里巴巴内部被称为"阿里政委"，实质是公司派驻到各业务线的人力资源管理者和价值观管理者，与业务经理搭档，共同做好所在团队的组织管理、员工发展、人才培养等方面的工作。"阿里政委"属于阿里巴巴HR的一种，阿里HR包括职能型HR和业务型HR，前者负责HR领域的政策制定、工具研发，后者则为"政委"。

"阿里政委"是既懂人力资源管理，又了解业务需求的HR"通才"。"阿里政委"的作用与HR三支柱中的HRBP很相似，但又有区别：HRBP从理论到实践都源自国外，属于HR三支柱体系下的概念；"政委体系"则土生土长于阿里巴巴。"阿里政委"和HRBP的共性是基于企业发展和业务需求倒逼，突破传统六大模块的人力资源管理创新。

“阿里政委”的架构如图1-4所示：

图1-4 “阿里政委”的架构示意图

可以说，在阿里巴巴的人力资源体系里，“政委体系”是最大的特色。在阿里巴巴，从“政委”中选拔干部曾是晋级奖励体系里一条不成文的规矩，要晋级必须当过“政委”。当然，阿里巴巴对“政委”的任职资格也有较高的要求。“政委”要参与到全部业务会议里，在阿里巴巴这是硬性要求，这是为了锤炼“政委”的业务能力；“政委”要在工作中善于交流，与员工建立足够的信任关系。

到2007年，阿里巴巴逐渐发展出了有特色的HR三支柱。其中，COE由组织发展部、校园招聘部、社会招聘部、企业文化部、薪酬福利部等构成。组织发展部分为平台和业务两个模块，平台模块负责公司HR整体发展、高管领导力发展和商业教练，业务模块则直接驻点在各个事业群，负责事业群相关的组织架构、人才盘点、业务复盘；校园招聘部负责校园招聘策划、招聘录用分配、新大学生培养计划及实施；社会招聘主要负责高级人才猎聘等。

HRBP角色由“阿里政委”担当，“阿里政委”现已逐渐被称为HRG，主要从原来的业务线转过来，他们熟悉业务并且能够比较深入地了解人和事，对事业群的组织变革和发展起到重要的推动和支撑作用。在一般情况下，一个大事业群下会有十五个左右的“政委”，一个大的部门下有一个“大政委”带三至四个“小政委”，这些“小政委”在工作内容上不是按照招聘、培训、考核等职能模块划分的，而是每个人负责部门内一些二级组织单元的全HR模块。

SSC主要包括针对员工的服务呼叫中心、社保、公积金、假期、合同管理等人事业务。

第二章

一切以用户价值为依归

在腾讯官网的“企业文化”栏，赫然写着“一切以用户价值为依归”。

腾讯能发展到今天的盛况，与其“一切以用户价值为依归”的经营理念息息相关。只有心里时刻想着用户，用户才会想起你，才会选择你。广大用户的选择，才是一切产品和企业取得成功的基础。

腾讯在企业经营上，悉心关注、创造与实现用户价值，在腾讯的内部人力资源管理上，同样引入了以用户价值为导向的理念。比如，腾讯HR管理秉承将用户价值导向等企业文化转化为企业内部运行理念与机制的使命，深度对接企业的发展战略，同时为广大员工提供卓越的人力资源服务。

文化排在管理首位

企业文化是企业在经营活动中形成的经营理念、价值观念、经营形象等的总和，是企业个性化的根本体现，也是企业生存、竞争和发展的灵魂。腾讯的企业文化包括了品牌标识、企业愿景、企业使命、管理理念、经营理念和价值观。基于企业文化的重要性，腾讯人力资源管理的一个重要理念是企业文化要排在管理的第一位。

我们知道，互联网是一个快速迭代的行业，规章制度往往难以在第一时间覆盖所有可能出现的问题。在这种情况下，文化就成为很有效的手段，我们可以通过企业文化来有效调节员工的能量。

实际上，很多企业都已经认识到了企业文化对员工能量、公司能量的重要性，因此都很重视对企业文化的宣传。然而，企业文化能否真正落地实施，并发挥应有的作用，与广大员工的参与感密切相关。只有员工参与到企业文化中，企业文化才能从概念变成实践。

腾讯在实践企业文化时，以用户需求为导向，注重增强员工的参与感。在管理学中，企业要激发和管理好员工，就得先了解员工，要了解员工，就要找到员工关心的点。腾讯的员工高学历的较多，内部很多工程师热衷于研究和解决问题，为此，腾讯对员工的需求一般都会有非常形象的描述。

举例来说，腾讯的培训部门为了了解员工的培训需求，以及员工对自我形象的认知，让员工们做过一个腾讯人的画像，结果，员工们画出了一个不修边幅的技术宅男的形象。不注重外表，很关注最新科技产品，对美丽的异性比较留意，等等，这些都是腾讯人的形象，员工画像清晰了，也便于培训部门把握员工的需求点，从而在开展培训工作时有的放矢。

再比如，腾讯的企业文化反对自私自利的行为，同时，为了赢得员工的理解和支持，往往会站在员工的立场加以引导和教育。其中，“瑞雪行动”就是一个很有意思的做法。过去，腾讯有的办公地点在所租大厦的3～10楼，每天上下班高峰时电梯使用会比较紧张，员工们经常要在1楼排很长的队。这时，有些人耍小聪明，先步行走到2楼，由于电梯进行了相应设置，不能乘电梯从2楼直接到达3～10楼，于是，这些员工就先从2楼坐回1楼，然后再上去，完成了变相的“加塞行为”。很明显，这是一种自私自利的行为。

这样的行为，虽然只是小毛病，但也是对公司文化的一种破坏和挑战。腾讯不像其他一些公司那样单纯靠强制执行来解决问题，而是让员工自己主动参与到对问题的思考与讨论当中，并从中找出解决方案。

于是，公司专门开展了一个“瑞雪行动”，在公司内部的BBS（Bulletin Board System，电子公告牌系统，主要指在线社区和论坛）上讨论，引导大家正确对待员工乘电梯变相“加塞”的问题，分析怎么做才是正确的行为。除了在网上讨论，腾讯也会安排一些员工在电梯边引导。通过这些做法，公司领导发现，员工们知道善恶美丑，只要采取让员工们可以理解和接受的方式，他们还是会主动配合并加以改正的。当“瑞雪行动”开展一两周后，效果很明显，员工们乘坐电梯时都会自觉排队。员工们一旦适应这种规则后，也就自觉养成了良好的习惯，并成为新员工践行企业文化的引导者。

此外，腾讯还有很多宣传平台，比如纸质刊物、内部论坛、视频，还有腾讯电视台、总办面对面、微信账号等。公司每一年都会把员工和公司的一些故事整理、编辑出来，这些产品能让大家确切地感受到腾讯特有的文化。

总的来说，腾讯文化在员工行为管理方面，有阳光、瑞雪、荣誉等品牌。“阳光”与处罚相关，通过阳光行为准则来倡导大家自觉抵制不良行为；在管理之中有一个地带，这个地带可能不是制度，难以在劳动合同里体现，却对整个组织的气氛有很大影响，比如我们上面提到的员工逆向乘坐电梯的行为，对此，腾讯取了个名字叫“瑞雪”，寓意“瑞雪兆丰年”，指下雪之后，大地洁白一片，把不好的行为去掉了，我们上面提到的“瑞雪行动”便是源于这样的含义，基于此，“瑞雪”在腾讯具有了某种特定的含义，也时常有人在论坛上讲哪些员工“瑞雪”了，哪些员工不“瑞雪”了；“荣誉”则主要是倡导员工做公司鼓励的行为。

最后，腾讯积极利用企业文化的力量，有效地推动员工们参与到企业文化中，从而统一了大家的价值观，使大家自发地基于公司的价值观朝着同一个方向思考和努力。腾讯通过这种软性的文化有效地引导了员工的行为，对员工起到了潜移默化的管理作用。

深度挖掘用户价值链

腾讯自从1998年11月成立以来，始终秉承“一切以用户价值为依归”的理念，该理念成为腾讯企业文化的重要组成部分，堪称腾讯人的“传家宝”，也是腾讯的成功之道。对此，正如腾讯创始人马化腾所说：“（创业）初期运气占得比较重，至少70%。但是2001年之后主要靠自己，靠对用户价值的挖掘与尊重。”

可以说，腾讯就是靠着“一切以用户价值为依归”，不断地发掘对用户有价值的需求，满足用户需求，进而丰满用户价值链，腾讯也在这过程中赢得了用户的认可。作为腾讯文化的重要缔造者，腾讯创始人之一陈一丹也说：“首先从用户的需求出发，真正感受让用户的需求可以落地。”腾讯的用户价值导向对公司的方方面面产生了重要影响，从某种程度上铸就了腾讯文化的内核。

腾讯很早就认识到了用户价值的重要性，正如马化腾所描述的：“我们从一开始进入互联网的时候，就很注重从用户需求方面考虑。那个时候，门户有了，邮箱有了，但在网络上实现即时互通的用户还是少数。正是分析到用户的需求，我们才着力在即时通信领域进行探索，并通过持续的创新和探索来不断满足用户的需求。”

可见，腾讯的核心发展战略始终围绕用户价值，“一切以用户价值为依归，发展安全健康活跃平台”是腾讯持续健康与快速发展的秘诀。我们也知道，当今市场，产品与经营模式同质化严重，大多数行业的业务模式容易被复制，企业要保持竞争优势，关键在于保持核心竞争力。

截至2017年8月，腾讯微信月活跃用户数达到9.63亿，QQ月活跃用户数达到8.50亿，庞大的用户数是腾讯的宝贵资源，而始终坚持用户价值导向则成为腾讯的核心发展战略。对腾讯而言，用户价值链是公司为之服务的重心所在，同时，腾讯固守对用户负责的原则，以不影响现有用户的使用为前提，每一次业务迭代或调整都为用户提供更多的选择机会和更好的体验。

在腾讯，用户价值导向不仅在战略上指导着公司的业务发展，在内部员工管理上也成为公司的一个重要理念。比如，在2009年上半年，腾讯的一系列公司级奖励管理办法陆续出台，由此构成的“腾讯荣誉激励体系”以更加客观、公正、立体、透明的方式，表彰包括创新在内的“一切以用户价值为依归”的行动和成果。

在2009～2010年，腾讯内部共有158个跨部门项目团队，在用户体验改善、用户价值创造、保障用户信息安全、聚焦社会热点报道、运营无障碍、专利申请、技术突破、架构优化等方面，获得公司级奖励的荣誉。这反映出腾讯用户价值导向不仅是企业战略，还是公司绩效考核的重要指导依据。

实际上，坚持用户价值导向，某种程度上是在坚守一种社会责任。当前，在商业利益和社会责任的权衡中，有些企业偏向了商业利益，由此引发的一系列损害用户价值的情况时有发生，这种做法归根结底损害了用户对企业的信任，阻挠了企业的健康发展。

为此，腾讯在企业文化里明确表示，要“一切以用户价值为依归”，注重长远发展，绝不因商业利益而损害用户价值；关注并深刻理解用户需求，不断以卓越的产品和服务满足用户需求；重视与用户的情感沟通，尊重用户感受，与用户共同成长。

腾讯始终将用户价值放在第一位的做法，赢得了员工、股东与公司的合作伙伴的认同，也使得腾讯有效地处理好了商业竞争与社会责任之间的良性循环，使腾讯不断做好自身，把企业经营好，持续地服务好用户，为用户创造价值，最终推动了腾讯的健康、快速发展。

为用户搭建一个网络生活平台

腾讯在1998年11月创业时，度过了一段彷徨的摸索期，在1999年2月，马化腾团队模仿当时国际上一款流行的即时聊天工具ICQ（全称“I Seek You”，意为“我在找你”，于1996年7月由三位以色列软件工程师研发推出，ICQ是世界上第一款即时通信软件；1998年，美国在线AOL收购ICQ），研发并推出腾讯的第一款即时通信工具OICQ（全称“Opening I seek You”，意为“开放的ICQ”）。

2000年，正当腾讯OICQ席卷中国即时通信市场时，ICQ的母公司美国在线（American Online，简称AOL）起诉腾讯侵权，要求OICQ改名。马化腾急中生智，便将OICQ改名为QQ，也就是我们现在熟知并广泛使用的QQ。为了便于称呼，我们暂且将QQ一开始的名字OICQ也统称为QQ。

腾讯QQ一经推出，立即获得广大网民的热爱。1999年11月，QQ推出的当月，注册用户数就突破6万；2000年4月，QQ注册用户数达到10万；2000年5月，QQ同时在线用户数突破10万；2000年6月，QQ单月用户注册数就超过10万；2001年2月，QQ同时在线用户数超过100万，注册用户数已增至2000万，并有望突破亿人注册大关。

然而，尽管QQ受到广大网民的喜爱，用户数量节节攀增，可是腾讯一时并没有为QQ找到好的盈利模式，同时，QQ用户数的剧增，使得QQ对服务器的要求随之增加，腾讯不得不将融资所得几乎都用到服务器的添置上，曾经投资腾讯的主要股东IDG与香港盈科也开始停止追加投资，并准备出售手中的腾讯股份，腾讯随之出现了资金危机。

这时，已进入中国投资界的南非MIH的中国业务部副总裁网大为发现了一个奇怪的现象："我每到一个中国的城市，就去当地的网吧看一看，看看那里的年轻人都在玩什么游戏。我惊奇地发现，几乎所有网吧的电脑桌面上都挂着OICQ的程序。我想，这应该是一家伟大的互联网企业，想要看看这是一家什么样的公司。"

于是，在2001年，MIH与腾讯进行了多轮谈判。当时腾讯的股价为6000万美元，这与知名门户网站新浪在美国纳斯达克的融资额相同。到2001年6月，香港盈科以1260万美元的价格将其所持腾讯控股20%的股份悉数出售给MIH，不久，MIH从IDG手中收购了腾讯控股13%的股份，腾讯又通过股份置换的方式，获得MIH的投资，从而摆脱了资金的困扰。

从2001年开始，腾讯通过互联网与移动通信的结合，开始找到了互联网企业的盈利模式和渠道。进入2002年，腾讯迎来了高速发展期，年复合增长率在200%以上。接着，腾讯建立了门户网站，也开始进军互联网游戏以及电子商务等领域。

随着互联网与其他行业的深度整合，网络逐渐覆盖人们物质生活和精神生活的方方面面，正在成为全面展示人们生活元素的平台。那么，从腾讯推出QQ到后来推出的其他一系列互联网产品来看，它的互联网布局是什么，又要为用户提供什么样的互联网服务呢？

对此，马化腾早在2004年接受《东方企业家》杂志采访时就说：“腾讯的目标就是要搭建一个网络生活的平台，腾讯公司是从专注于互联网即时通信起家的，目前已经拥有了包括消费者IM，也就是我们熟悉的QQ，专业的IM，就是我们的Tencent Messenger，再到企业级的RTX，这一套完整的即时通信的产品线。这是我们的基础，也是一个纵向的核心。同时，在横向方面，我们经过一年时间的不断完善，极大扩展和丰富了我们的门户网站。未来，在深度整合的基础上，腾讯将采取‘一横一竖’的业务模式，原有的即时通信工具和门户网站将从两个维度叠加包括MMS、WAP等在内的无线增值服务，包括网络游戏在内的互动娱乐服务，以及包括多媒体、音乐、电子杂志等在内的网络内容服务，和包括B2C、C2C、拍卖在内的电子商务……我们希望，通过这个平台，人们可以利用网络提升生活品质和工作效率，使网络成为人们日常生活、工作和学习的重要组成部分。”

从2006年开始，马化腾致力于为全中国的网民提供优质的在线生活，他希望这种在线生活就像水和电一样，成为大家日常使用的服务。对此，正如马化腾在一次演讲中所说：“互联网不是一个单独的产业，实际是一个很现实、方方面面的行业结合非常紧密的在线版本的升级。在互联网普及，融入生活的情况下，互联网在任何时间、地点，用任何终端、任何接入方式都可以通过网络满足人们的各种需求，主要包括信息获取、通信沟通、休闲娱乐、商务交易这四个方面的需求。现在我们可以看这四个需求是怎样的变化和对比。首先是资讯，就是说在传统生活中我们是通过报纸、书籍、电视、广播来接收信息，是一种割裂、被动的信息获取方式。在线生活是通过搜索引擎，通过新闻门户，通过互动的网络电视、网络电台的方式，能够非常便捷地主动获取海量的信息，以及通过分享信息还可以和社区进行互动……”

2011年1月，腾讯又推出了专为移动互联网时代量身打造的微信，秉持“为用户搭建一个网络生活平台”的理念，微信迅速成为一个贴近大众生活的平台。

实际上，腾讯不仅在产品经营上致力于为用户打造一个丰富而高效的网络生活平台，在内部人力资源管理上也打造了一个人力资源管理平台，在平台上为员工们提供一系列人力资源服务，不断地提升着员工满意度，提高着人力资源工作效率。

腾讯链接：腾讯“安居计划”

马化腾说：“腾讯视员工为企业的第一财富。对于腾讯来说，业务和资金都不是最重要的。业务可以拓展，可以更换，资金可以吸收，可以调整，而人才却是最不可轻易替代的，是我们最宝贵的财富。”

在贯彻“以人为本”方面，腾讯积极调研员工的物质需求和精神需求，在合情合理，公司力所能及的情况下予以满足。

另外，根据马斯洛需求层次理论，将人的需求像阶梯一样从低到高分为5种，分别是生理需求、安全需求、社交需求、尊重需求和自我实现需求。该理论运用到企业中，员工最基础的需求是物质方面的需求。在现实中，不少企业标榜“以人为本”，能否落到实处，要看企业对员工关注的问题是否真正用心。在这方面，腾讯可谓“想员工之所想，急员工之所急”。

2011年，腾讯高层在与员工的交流中发现，有一项员工需求很难绕开，那就是住房问题。当时，深圳房价已经很高，很多年轻员工虽然在深圳（腾讯总部）发展得很好，但是由于难以承受深圳的高房价，对这个城市缺乏归属感，进而也没有在这里长期发展的打算。

为了能够让大家安心工作，腾讯决定在公司能力范围内，帮助员工减少住房方面的不确定性，让大家先安居再乐业。

2011年6月27日，腾讯宣布正式启动“安居计划”，将在3年内投入10亿元为首次购房的员工提供免息借款。考虑到国内各地的经济和房价水平差异，“安居计划”将免息借款金额上限分为20万元和30万元两档。其中，北京、上海、广州、深圳的员工可以申请最高30万元免息借款，其他城市则可以申请最高20万元免息借款。为确保能切实惠及尽可能多的公司基层员工，中层以上的管理干部和专家均不参与此次“安居计划”。该计划具体实施由腾讯人力资源部门出具细则引导员工进行申请。

“安居计划”规定，凡在腾讯工作满3年，符合相应条件的员工均可提出申请。在申请安居借款时，员工只需出具购房合同，并提交由中国人民银行出具的个人信用查询报告，基本上无须任何担保就可以申请免息借款。

为了进一步保障员工的安居需求得以满足，腾讯之后又将一线城市员工能享受的安居借款额度提高至50万元，二线城市提高至25万元。

总的来说，“安居计划”旨在帮助为腾讯发展做出贡献并积极进取的员工，使他们在购房这一人生大事上无后顾之忧。“安居计划”管理办法还特别强调，该计划针对的是最有安居需求的员工，并且只用于购买首套住房，“员工在公司工作期间只可享受一次安居计划购房免息借款”。

据统计，腾讯“安居计划”推出5年来，已经帮助4000多名员工首次实现了购房梦。其间，腾讯用心调研员工需求，还对“安居计划”予以适当调整，比如放宽员工的购房所在地，员工可以在社保所在地或者工作地二选一地选择购房，借款额度按所购房产所在地城市标准为准。

在帮助员工首次购房的同时，2016年5月1日，腾讯又出台了“易居计划”，通过该计划为员工发放“租房补贴”：未享受过公司“安居计划”，是公司的正式员工，社会工龄小于或等于3年，同时满足这3个条件，就符合“易居计划”的标准，可以领取租房补贴，最长可以领取3年。

“易居计划”也是参考不同地区确定相应的补贴标准，其中，北上广深四地补贴为15000元/年/人，其他城市为7500元/年/人。

可以说，腾讯的“安居计划”，以及延伸出的“易居计划”，无不是对腾讯“以人为本”理念的实践和印证。很多企业，时常感慨员工归属感不强、忠诚度不高、缺乏团队精神，然而这些企业是否真的用心去帮助员工解决最关注的问题了？各个企业在制订员工关怀措施时不必盲目攀比，结合本公司能承受的实际水平，用心去帮助员工解决实际问题，就是“以人为本”的确切体现。

在这方面，腾讯“安居计划”反映出了企业对员工需求的高度关注与责任感，值得我们学习。

延伸阅读：马云谈企业文化

阿里巴巴集团董事局主席马云说："上等公司治理靠文化，中等公司靠制度，下等公司靠亲友义气。"马云认为，企业文化必须做实才有意义，否则难以见到成效。在日常生活中，我们看到一些企业把企业文化的标语贴在墙报上，印在杂志上，或者举办活动予以宣传，固然可以理解，但关键还是文化能否落到实处，能否"说的和想的一样，做的和说的一样"。

企业文化的落实需要内外言行一致，这是执行企业文化最关键的部分。毕竟，员工不是看你如何说的，而是看你如何做的。一般来说，制度可以更改，但是文化一旦形成就很难改变。因此，制定适合本公司的文化战略非常重要。

马云认为，企业文化的最重要核心点就是确立一个共同的目标，然后整个团队朝着这个目标努力，企业才能朝气蓬勃。在这方面，以马云为核心的阿里巴巴领导层决定要做102年的企业。

阿里巴巴设定102年的目标，而非日常所闻的"要做百年企业"，马云是这样解释的：阿里巴巴成立于1999年，20世纪活1年，21世纪活100

年，到22世纪再活1年就达到了102年，纵跨3个世纪。

目标一旦确定，那么企业就要为实现这个目标去建立相应的体系、制度和文化。一般来说，一个人设定1年的目标，与设定10年的目标，考虑的问题是不一样的。同样，一个企业设定102年的目标，那么就要相应地为102年打好各方面的基础，规划战略与文化，以更好地与目标相配套。

当然，能让企业活得足够长久，几乎是每一家企业的愿望。企业是为了满足用户相应需求，为用户带来价值而存在的，因此，企业能否长久地存活下去，最终要看用户是否选择企业所提供的产品和服务。于是，马云又提出“让天下没有难做的生意”，力争做到只要是商人，就一定会用到阿里巴巴提供的服务，并将此作为阿里巴巴的使命。

有了共同的目标、使命，马云还提出要将“六脉神剑”作为阿里巴巴的六大价值观，分别如下：

第一，客户第一。马云认为，大家聚集在一起创办和经营企业，“是为社会创造价值，是改变别人，是影响别人，服务好客户，是谁付我们钱的，不是老板付我们钱的，是客户付我们钱的，不是投资者给我们钱的，是客户给我们钱的，所以客户永远是上帝，客户第一”。

第二，团队合作。全体员工要积极融入团队，乐意接受同事的帮助，配合团队完成工作；积极主动地分享业务知识和经验，主动给予同事一定的帮助，善于利用团队的力量解决问题和困难；善于和不同类型的同事合作，不将个人喜好带入工作，充分体现“对事不对人”的原则；有主人翁意识，积极正面地影响团队，改善团队士气和氛围。

第三，拥抱变化。员工要适应公司的日常变化，不抱怨；对于变化产生的困难和挫折，能够自我调整，并正面影响和带动同事；创造变化，并带来绩效，有突破性的提高。

第四，诚信。做人要诚实正直，表里如一；不传播未经证实的消息，不在背后不负责任地议论事和人，并能正面引导，对于任何意见和反馈“有则改之，无则加勉”；对损害公司利益的不诚信行为予以正确有效的制止。

第五，激情。阿里员工要喜欢自己的工作，认同阿里巴巴的企业文化；热爱阿里巴巴，顾全大局，不计较个人得失；始终以乐观主义的精神和必胜的信念影响并带动同事和团队；不断设定更高的目标，今天的最好表现是明天的最低要求。

第六，敬业。马云认为，做人要“诚信、敬业、激情”。我们常听到“敬业”这个词，究竟什么是敬业呢？对此，马云说：“什么是敬业？我们告诉每个员工，你待在这儿，你就要爱这儿。有些年轻人，待在一个单位里面，天天说这个单位真不好，但他又不走。就像你天天埋怨你的丈夫、太太，你又不离婚。如果你觉得这个公司不好，你不想留在这儿，那你就离开。员工必须坚持这个理想、使命感、价值观，然后一代一代地延续下去，像DNA一样。这个公司的人可以老去，这个公司的人可以换去，但这个公司坚持的使命感、价值观、共同的目标、文化是不能断的，因为只有文化才会一代代传递下去。”

最后，企业文化实际上体现了企业的责任感和担当，正如马云所说：“‘责任’是我们存在的目的。如果你想做企业家，想把企业做大，那就该去解决社会问题。你会发现，你的付出在几年后将给你的企业和梦想创造无限价值。请记住，是客户付你钱，员工为你创造价值，他们才是最大的财富。如果你没能改善员工的生活，并通过员工去影响客户、帮助客户，你就只是一台赚钱的机器，迟早会后悔。……把实的做虚，把虚的做实，方能成为优秀的企业家。什么是‘实’？是指营业额、利润这些看得见的收益。什么是‘虚’？是指企业价值、文化、使命、流程、制度这些看不见的内容。……善待你的员工，尊重你的客户，企业一定会活下来。企业要有信仰，人更是如此。”

第三章

用产品思维做HR

与传统企业相比，腾讯的业务特点有所不同。传统企业的产出比较有形，员工的工作可以采用计时、计件等方式来衡量结果。在这种情况下，对应的HR管理往往会采取科层式模式，员工只要踏踏实实做好手头标准化的工作即可。而作为一家软件企业，腾讯的产出相对无形，软件产品的生产过程不仅要遵循相应的业界规范，还需要在使用过程中不断地融入用户体验，因而对员工工作的衡量也更侧重于有效性，尤其是用户体验方面的改进。

为此，腾讯的HR政策与公司业务紧密结合，尤其是把人力资源本身当成一款产品来运作，以产品管理的模式来管理人才。在腾讯，普通员工与领导干部都是HR的客户，HR是员工的服务者又是专业支持者，帮助他们不断成长进步，同时，HR还帮助各级领导打造优秀文化，建立高效组织，形成顺畅的流程，根据各部门的业务发展情况提供有针对性的人力资源综合解决方案。

腾讯的产品化思维

“产品经理”一词从2015年开始热度渐高，腾讯强调每个人都是产品经理，要求HR能够像产品经理一样用产品思维去思考和解决问题。身为董事会主席兼首席执行官的马化腾更是以“超级产品经理”著称。

举例来说，腾讯以产品线超长著称，涵盖了社交（QQ、微信、QQ空间）、支付（财付通、微信支付、QQ钱包）、娱乐（腾讯游戏、腾讯动漫、QQ音乐）、资讯（腾讯网、腾讯视频、腾讯微博）、工具（QQ浏览器、腾讯手机管家、腾讯电脑管家、腾讯地图、QQ邮箱）、平台（腾讯开放平台、腾讯云）等业务领域。难得的是，这么庞大的产品阵容，马化腾竟然能关注到产品迭代的几乎所有环节。

马化腾参与并推进产品迭代的重要方式是发邮件，为此，马化腾曾被称为“邮件狂人”。比如：曾负责QQ空间开发，担任过腾讯副总裁的郑志昊在与媒体交流时表示，马化腾与QQ空间开发团队的邮件往来超过2000份；2007年，张小龙对QQ邮箱进行改版时，QQ邮箱还只是腾讯体系内一个非常边缘的产品，马化腾在一年半的时间里，竟与QQ邮箱团队来往了超过1300份邮件。

在腾讯有一个流传甚广的段子：一天早上，刚到上班时间，有员工发现马化腾在凌晨四点半发的邮件，总裁很快回了邮件，副总裁在十点半回复，几个总经理中午十二点回复了讨论结果，到下午三点，技术方案已经有了，晚上十点，产品经理发出了该项目的详细排期，整个产品方案总共用时十八个小时。因此，腾讯联合创始人张志东认为："腾讯的产品迭代就是一个被马化腾的邮件推着走的过程。"

那么，腾讯这么多的产品，马化腾作为企业CEO，平时公务繁多，又是如何做到几乎对所有产品都了如指掌呢？对此，美国福特汽车创始人亨利·福特（1863~1947）曾说："成功的秘诀，在于把自己的脚放进他人的鞋子里，进而从他人的角度来考虑事物，服务就是这样的精神，站在客人的立场上去看世界。"可见，从客户的角度思考问题是一个公开的商业秘密，但是很多人仅仅是"知道"而已，马化腾却做到了。

比如，马化腾会像普通用户一样，每天轮流使用每一个产品，一旦发现产品的不足，就立即迭代改进。马化腾认为，一个合格的产品经理一定要对产品敏感，一定要像用户那样挑剔地对待自己负责的产品，才能打磨出信得过的产品。另外，马化腾还会经常到各个产品论坛去查看用户不同的反馈，并且主动和用户接触，帮助用户解决问题。在马化腾的带动下，腾讯的工程师都养成了一个习惯：每两个小时轮流监测、回复网上出现的用户意见。

2008年10月，马化腾在公司的一次产品技术峰会上做了一个演讲，首次比较系统地阐述了产品思维，这也是对腾讯产品思维的一次重要阐述。马化腾在这场技术峰会上说的话也很快成为互联网产品的标配性语言。

比如，在产品的核心功能方面，马化腾认为："任何产品都有核心功能，其宗旨就是能帮助到用户，解决用户某一方面的需求，如节省时间、解决问题、提升效率等。核心能力要做到极致。”

在产品的口碑方面，马化腾认为：“产品经理要关注最核心、能够获得用户口碑的战略点……在核心功能做好后，常用功能是要逐步补齐的。产品在局部、细小之处的创新应该永不满足。”

在产品体验方面，马化腾认为：“产品经理要把自己当成一个‘最挑剔的用户’。开发人员要用心来思考产品，开发的产品要符合用户的使用习惯。”

总之，产品思维不仅直接影响腾讯整个产品体系的发展，还对腾讯的人力资源管理等一系列职能工作产生了深刻影响，从而推动了腾讯“人人都是产品经理”的进程，使腾讯致力于为用户提供更佳的服务和体验。

人力资源从管理到服务

不同于大多数传统制造型或服务型企业依靠简单的人力叠加，互联网公司需要员工既懂得“服从”管理，又有创造力。这也正是互联网公司在人力资源管理中面临的最大挑战：一方面，由于员工普遍受过高等教育、拥有更独立的价值观，如果无法使得企业文化在员工中贯彻，就难以取得他们的认同感，就会影响企业战略目标的实现；另一方面，员工拥有较强的专业能力，难免会被同行频繁高薪“挖角”，从而影响队伍的稳定。

腾讯自创立以来，无论是高层，还是基层，离职率都很低，即便是创业元老离职了，腾讯仍会在管理团队名单中为他们留下“终身名誉顾问”的职位。可以说，稳定而有竞争力的团队是腾讯强大的产品开发能力和盈利能力的保障。

腾讯对于员工的认知，正如腾讯公司高级副总裁奚丹所说：“人不是雇员，也不是生产力，而是腾讯最有价值的资源，是腾讯的第一财富。”奚丹之所以有这样的感慨，是因为他在2002年加入腾讯时，有两件事让他颇为惊讶：一是腾讯全体员工都配有期权，这在那个年代很罕见；二是腾讯早期用户迅速增加却还没有找到盈利模式时，管理层为了让员工生活有所保障，自己节衣缩食，甚至做一些兼职来为公司增加收入，改善员工的生活。

可以说，“人”一直是腾讯的重要命题。腾讯不仅在产品方面有“一切以用户价值为依归”的理念，在用人方面也体现出人本的价值观。为了进一步做好人的工作，腾讯要求HR要像互联网行业的产品经理那样工作。

为此，奚丹认为，当前的人力资源最有价值的部分不再只是单纯的管理，而是为员工提供更好的服务。人力资源部门和业务部门一样，理念同样是“一切以用户价值为依归”。

为了进一步做好人力资源工作，腾讯要求人力资源部门把“用户”识别到“人”。举例来说，在招聘环节，用户就是具体业务部门的负责人；制定薪酬福利制度时，用户就是腾讯的员工。

在腾讯的业务体系内流传着这样一句话：“真正的用户需求是说不出来的。”这个理念正如苹果公司创始人乔布斯（1955～2011）所说：“消费者并不知道自己需要什么，直到我们拿出自己的产品，他们就发现，这是我要的东西。”

可见，作为产品经理，要对用户需求有深刻的洞察力，并且能够将用户需求予以具体化。实际上，人力资源部门的员工也需要具备这样的能力。

比如，当业务部门提出用人需求时，人力资源部门首先会在公司内部选择三个以上优质员工作为样本；接着建模、扫描，分析这些优质员工背后的成功因素，比如逻辑思维好、对数字敏感、善于学习等；然后对这些成功因素倒推并具体到行为，再根据行为设置面试问题，最后在问题后面附上可能的答案并给出分值。

在腾讯，每当遇到和员工有关的事时，人力资源部门就会进行调研，从而广泛征询员工意见。在实践中，只要员工意见得以快速落实，员工的主动性就会提高；在对员工进行问卷调研时，员工不感兴趣的题目可以不回答。同时，人力资源部门也会把握问卷尺度，包括将问卷定向发给相关员工，避免问卷太多、题目太多或调研对象笼统而给员工带来新的麻烦。

另外，我们在前面介绍过腾讯为了杜绝“逆乘电梯”，开展过一项“瑞雪行动”，瑞雪一方面代表着“兆丰年”的美好愿景，另一方面又能冻死害虫，象征弃恶扬善。对此，腾讯一位HR负责人曾说：“瑞雪关注的是小行为。但腾讯希望用好的氛围同化大家，至少在公司的环境里相互信任、相互尊重，不把那些对社会的焦虑和抱怨带到工作中来。”

当然，“瑞雪行动”通过不断升级，从最初的文明乘梯、文明排队等社会内容，已经逐渐演变到职场内容，这不仅优化了腾讯公司的内部风貌，还进一步优化了员工的综合素养。

总之，腾讯更多地将人力资源视为一项服务，通过为员工提供优质的人力资源服务，助力业务部门经营，从而推动腾讯公司的健康发展。

用户体验的“10/100/1000法则”

在用户体验方面，腾讯总结出了一个“10/100/1000法则”，马化腾对此描述道：“产品经理每月必须做10个用户调查，关注100个用户博客，收集反馈1000个用户体验。”马化腾还强调：“在研究用户需求上没有什么捷径可以走，不要以为自己可以想当然地猜测用户习惯。比如：自认为定位于低端用户的产品，想都不想就滥用卡通头像和一些花哨的页面装饰，以为这样就是满足了用户需求；自认为定位于高端用户的产品，又喜欢自命清高……这些都是不尊重用户、不以用户为核心的体现。”

关于用户需求，马化腾认为，人们对互联网有四大需求：一是信息共享，二是通信，三是娱乐互动，四是电子商务。网民数量的日益庞大，为互联网的发展奠定了基础，网民们的四大需求为互联网发展提供了机遇。当然，机遇固然存在，但是能否真正把握住机遇，要看企业是否懂得用户需求，是否能够满足用户需求。

2010年，马化腾给员工们写了一封信，信中写道：“真正的危机从来不会从外部袭来。只有当我们漠视用户体验时，才会遇到真正的危机。只有当有一天腾讯丢了兢兢业业、勤勤恳恳为用户服务的文化的时候，这才是真正的灾难。”

在如何做好产品用户体验上，马化腾比较赞同乔布斯的观点。在乔布斯看来，最好的“用户体验设计”需要遵循六个原则：第一，一定不要浪费用户的时间，例如，减少用户鼠标移动的距离和点击次数，减少用户眼球转动满屏寻找的次数，等等；第二，一定不要想当然，不要打扰和强迫用户；第三，采用最简洁的产品设计，将用户使用产品时的学习成本降到最低；第四，一定不要以为给用户提供的东西越多就越好，要学会给用户需求做减法，要让用户感到简洁而实用；第五，一定要明白你的产品面对的是什么样的用户群；第六，一定要尝试去接触你的用户，了解他们的特征和行为习惯。

实际上，企业能够生存，唯一的原因是顾客乐意购买你的产品，用户愿意使用你的产品，这同样适用于向产品经理角色转变的HR人员。人力资源部门的用户是公司员工，员工获得了良好的人力资源服务，就会相应地把更多时间和精力投入业务工作中，既提高了公司的运营效率，又促进了公司的健康运转。

为了不断提高用户体验，“用户反馈—改进—再反馈—再改进”的过程几乎每一天都在腾讯的各条产品线中反复上演。不同于传统行业，互联网产品研发团队和用户感受的交互是非常快的，新的产品或功能刚一上线，用户如果不喜欢，马上就会通过各种渠道吐槽，并且将这种意见迅速传播。

那么，产品经理如何从收集与获取的各类用户意见中进行筛选，并确定处理次序和节奏？对此，腾讯联合创始人张志东坦言：“目前还没有完美的放之四海而皆准的标准，仍在探索之中。”

既然如此，在处理用户体验方面，产品经理所积累的庞大素材库就会起到关键作用，这也是为什么腾讯要求产品经理遵循“10/100/1000法则”。

举例来说，腾讯的微信团队之前是做QQ邮箱的，在开始研发微信这一手机应用后，团队成员之前在用户体验方面的很多经验都有助于他们准确地把握新产品的用户需求。

总的来说，腾讯的一系列产品思维可以帮助HR像产品经理一样做好人力资源工作，用户体验方面也不例外。或许HR不必像业务部门的产品经理那样严格按照“10/100/1000法则”去做，包括“做10个用户调查，关注100个用户博客，收集反馈1000个用户体验”，但一定会按照“10/100/1000法则”的精髓去做，也就是高度重视用户体验，根据用户反馈予以改进，然后再反馈，再改进，最终臻于完美。

腾讯链接：腾讯HR助手

腾讯做产品最突出的理念就是以用户为中心，从用户的角度出发，挖掘用户最深层次的需求，从而研发出超出用户预期的产品，力争做到比用户还懂用户。这种做产品的理念同样贯穿腾讯HR服务。

实际上，不仅腾讯为广大网民研发出了一系列他们喜爱的互联网产品，腾讯产品化的HR也为公司内部广大员工提供了一系列便捷平台，其中最具代表性的就是HR助手。我们知道，在移动互联网时代，手机无疑是离所有人最近的信息化工具，为此，腾讯SDC聚焦于移动端，希望打造一款便捷、高效的工具，员工只要使用该工具即可自主完成一系列人力资源业务，从而推动员工管理朝着“自驱动”和“自管理”的方向发展。在这种情况下，SDC打造了“HR助手”。

在详细介绍“HR助手”之前，我们不妨先来看看腾讯人力资源信息化的进程。

在2009年之前，腾讯基于内部人力资源管理需求，自主开发了一系列人力资源管理系统，从而实现内部人力资源数据记录和流程实施的“工具型”应用。后来，随着企业迅速壮大，内部人力资源服务及管控不断深化，“整合数据以推动管理应用”逐渐成为当时的主要课题。

在2010~2011年，腾讯在对市场和内部人力资源信息化现状进行深入调研和分析后，正式启动人力资源信息化项目，并将该项目分为三期来重点执行。第一期，是将信息“孤岛”（即孤立的信息系统）及系统数据进行大整合；第二期，是加强应用型人力资源业务流程对员工的辅助和支持作用；第三期，是加强数据决策力，提升人力资源服务质量。

在2012年，腾讯提高了人力资源信息化系统的服务器配置，集成内部人力资源数据，使得用户操作界面更加友好，进一步改善了用户体验。

从2013年至今，腾讯人力资源平台与微信团队合作，开发了基于移动端的人力资源产品——“HR助手”，以微信企业号的形式为员工提供便捷、快速的人力资源服务，逐步推动员工自发展与自管理。

我们对腾讯人力资源信息化过程予以总结的话，发现它可以分为四个阶段：数据线上化→流程线上化→数据整合→高质量人力资源服务。前三个阶段是系统建设的必经之路，第四个阶段则是实现人力资源管理落地的重要阶段，也可以表现为腾讯SDC为员工用户交付的相应HR产品。“HR助手”的推出，就体现了腾讯人力资源信息化的“交付”思维。

我们接下来具体了解“HR助手”有哪些功能，以及怎么使用。

“HR助手”有两个基本功能：一是人才管理类，二是人力资源服务类。

在人才管理类的功能中，“我的发展”是“HR助手”中的一个菜单选项，员工点击进入“我的发展”，即可看到公司员工的平均发展轨迹与自身发展轨迹的对比，若发现自身发展慢于公司平均水平，员工就可以进入“加速模式”。系统会提供三种加速方案：一是在线选修与自己欠缺的能力相关的课程；二是发现周围标杆人物，系统自动为员工搜索公司内相应的标杆人物，员工可自行与其建立联系，作为学习榜样；三是“升级宝典”，公司将所有通过晋升考核，并获得职级晋升的员工的答辩案例整合为“升级宝典”，供员工自行查阅和学习。

通过这项产品，员工能够意识到个人发展是与自身息息相关的事，而非由HR来推动和监督，由此提升和改善“自驱动”的意识和行为，继而能够促进企业产生“组织自发展”的效果。

在人力资源服务类的功能中，“办证明”是腾讯为员工提供的一项便捷人力资源服务。员工只需在“HR助手”中输入所需办理的证明的关键词，即可提交办证明需求，系统后台收到指令后会有专业人士为员工办理，办理完毕后通过微信提示员工前往最近的HR窗口领取。

同样，这项看似简单的服务中也涵盖了人力资源领域的不少业务流程，SDC仍是将业务流程隐藏在“后台”，员工只需以最简单的方式提出需求即可，从而大大提升了员工体验，充分凸显了移动化人力资源服务的便捷性与高效性。

总之，我们从“HR助手”的两个功能中就可以发现，腾讯SDC的交付思维同时也是一种产品化思维，即完全站在用户的角度设计与实施，这种思维遵循了腾讯一系列优秀产品的设计思维，从而清晰地传达给员工一个信号——“HR助手”是一个易办事的平台，也在潜移默化中彰显了人力资源服务的价值所在。

延伸阅读：彼得·德鲁克谈HR管理

作为世界著名管理大师，彼得·德鲁克以系列管理思想为世人所瞩目和重视。其中，德鲁克在人力资源管理领域中的许多观点堪称简洁而深邃，对企业人力资源管理有着深远的影响。

其实，“人力资源”的概念也是德鲁克首次提出的，他在1954年出版的著作《管理的实践》中写道：“人力资源是所有资源中最有生产力，最多才多艺，也是最丰富的资源，它最大的优势在于具有协调、整合、判断和想象的能力。它与其他资源最大的区别在于，人能充分地利用自我，发挥自身长处，对于工作有绝对的自主权，人的发展无法靠外力来完成，往往必须从内在产生。”

我们盘点了一下德鲁克的人力资源管理思想，从中归纳出五个方面：

1. 管理者的终极任务是引出员工的工作热情和希望

德鲁克认为，管理者的主要职责之一是激励员工。管理者必须学会激发员工的工作热情，使之心甘情愿地为实现组织目标而努力奋斗，同时，使员工在工作时心里踏实又不断看到希望。

2. 组织并非为了自身的利益而存在

德鲁克认为，任何组织都不是为了自身的利益而存在，而是为了实现某种特定的社会目的，并通过满足社会、邻里或个人的特定需要而存在。这就需要每一个组织都充分认识到满足社会和他人的需要是其存在的根本，随着社会的发展，不断提高能力，更好地满足社会的需要是其持续存在的条件。

3. 将员工的长处与岗位合理匹配

德鲁克认为，无论是谁，在用人时，如果只想减少弱点，那么他所领导的组织必然归于平庸。管理者一定要认识到，人无完人，要将员工的长处与岗位合理匹配。从这个意义上来讲，用人就是用人的长处，用最合适的人胜过用最优秀的人。管理者最应该学会的，就是要发现人才的优点，使得人尽其才，将合适的人放在合适的位置上。

4. 知识将成为一种新的关键性资源

德鲁克认为，在当今企业中，拥有某方面专长的知识型员工越来越多，因此，对知识型员工的管理问题就越来越突出。知识型员工更加注重精神需求的满足，为此，管理者对知识型员工要有更多的理解和交流，管理手段也必须跟进。

实践证明，对知识型员工的管理，必须建立在人本主义的基础上，他们更需要管理者关注，更需要管理者以一种平等友善的态度去交流和沟通。其实，现在世界上一些知名企业的管理模式逐渐变得更加生活化，更加贴近人性，更加符合人的需求，比如谷歌、亚马逊、腾讯、阿里巴巴等。

在知识型组织里，德鲁克提出一个重要的原则：管理的方式不是指挥，而是指导。

5. 21世纪企业最有价值的资产是人

德鲁克认为，在21世纪，经济是以高新技术产业为主导，以知识为基础的经济，归根结底是人才经济。企业之间的竞争，知识的创造，利润与增值，资源的合理配置，最终都要靠人才来实现，人才是实现经济体制和经济增长方式的两个根本转变的关键。

基于此，人才将成为企业发展的主导力量，人才也将推动企业的成长。唯有将个人发展与企业发展融为一体，使人才将其才华、理想、价值在企业中得到充分发挥和体现，才能最大限度地创造企业绩效。可见，人力资源管理对企业而言，不仅仅是一项职能，还是一项战略。

第四章

用价值观塑造人

所谓价值观，简而言之，就是认为做什么是有价值的，做什么是没有价值的。价值观直接影响了一个人在面对工作、学习和生活时的态度，进而直接或间接地驱动一个人选择什么样的行为。

在用人上，腾讯长期致力于招聘与公司的价值观相同或相近，有潜力的人，从而确保大家和衷共济。对此，正如腾讯公司高级副总裁奚丹所说："腾讯不会为短期目的而招聘，一旦招聘对象进入公司，就希望他能和大家一直共事。"

腾讯的企业使命是通过互联网服务提升人类的生活品质。为了更好地完成企业使命，腾讯为公司上下确立的价值观是正直、进取、合作、创新。通过价值观塑造优秀的人才，通过优秀的人才打造高质量的产品和服务，为腾讯赢得更好的生存发展空间，从而让价值观落地生根。

腾讯价值观与五种动物

腾讯的价值观是正直、进取、合作、创新。为了更加生动形象地传达腾讯的价值观，腾讯特意选择了五种小动物，如图4-1所示：

图4-1　代表腾讯价值观的五种动物

在图4-1中，长颈鹿代表正直（长颈鹿的脖子长而直），海燕代表进取（不惧困难，勇往直前，迎接挑战），犀牛与犀牛鸟代表合作（两者在自然环境中形成相互协助的生存关系），鹦鹉螺代表创新（鹦鹉螺初生时不会上浮，在生长过程中螺仓逐渐变多，成年鹦鹉螺便可利用对螺仓充气的方式浮出海面）。

根据腾讯内部调查，腾讯员工高度认同公司的价值观，甚至该指标在41项满意度指标中高居第一，比平均分高出22.9%，也高于福利、公司前景等高分项。可见，腾讯价值观有着雄厚的民意基础。

其实，腾讯创始人马化腾也非常重视员工的价值观是否与公司的合拍。对此，马化腾说："我们公司的价值观第一点是正直，我们培养出来的经理人，甚至我们的投资者，价值观都是与我们非常一致的。"

实际上，腾讯的正直，自企业创立起就始终坚守。马化腾说："我从第一天接受投资，就发誓说不会让我们的投资者失望。……我们公司把所有业务全部放在一个地方，不会通过财务技巧把公司玩得上上下下、左左右右……怎么说就怎么做，这样的契约精神也是我们的价值观之一。"如今，腾讯的股价从上市之日到现在，已经上涨了超过500倍，坚守正道，自会有好的回报。

腾讯在用人方面也强调正直，对此，马化腾认为，一个人正直与否直接关系到其人品。马化腾说："人品要特别正直，如果说有任何的问题，哪怕能力再强我们都不会要这个人的。"

腾讯的发展历程，并非一帆风顺，甚至可以说一路披荆斩棘，这与腾讯人的进取精神是分不开的。比如，据马化腾描述，腾讯在发展历程中有三个非常重要的节点：一是MSN，二是360，三是微信。

第一个节点是在2005年5月，微软旗下的MSN即时通信软件正式进入中国大陆市场。当年，MSN在没有任何宣传本地化支持的情况下，在中国即时通信市场的份额为10.58%，虽然与77.8%份额的QQ相差甚远，但已是中国第二大即时通信软件。更重要的是，在当时约2000万的商务人士中，腾讯用户约950万人，占47%，MSN用户约1075万人，占53%，而且MSN新增的用户有95%来自腾讯QQ流失的用户。可以说，腾讯历史上最重量级的对手出现了。

为此，腾讯收购Foxmail，与美国谷歌公司开展业务合作，丰富和优化QQ的功能，同时，在对用户需求进行深入调研的情况下，腾讯QQ已经不再仅仅是一个简单的沟通工具，而是一个分享信息资讯、交流互动、休闲娱乐的平台，语音、视频、音乐点播、在线交易、BBS、Blog（博客）、信息共享等新的应用都可以基于这个平台开展，QQ以前所未有的速度改变着人们的生活方式。

易观国际的统计数据显示，到2008年的第二个季度，QQ的市场份额增至80.2%，MSN已萎缩到4.1%，被中国移动的飞信超越。随着MSN的落败，其他那些市场份额更少的企业相继减弱了对即时通信产品的投入，腾讯打赢了一场艰难的保卫战。在2010年10月，微软宣布关闭MSN的博客服务，全球3000多万博客用户面临搬迁，腾讯则及时地开发出博客搬家工具，并打出了“QQ空间等你回家”的广告，有超过三成的MSN中国用户把自己的博客搬到了腾讯。2012年12月，微软宣布放弃MSN。

第二个节点是在2010年9～11月，周鸿祎创办的奇虎360公司与腾讯公司展开了一场轰动一时的用户争夺大战，时称“3Q大战”。这场“大战”最终因国家相关部门介入而告终，基于对互联网用户的尊重与负责，腾讯与360开始和解。

第三个节点，是腾讯的微信。2009年9月，新浪微博悄然上线，到

2010年11月，新浪微博用户已达到1亿人，每天发布的微博数量超过2500万条，其中有38%来自移动端，表明移动互联网时代正在悄然来临。新浪微博则成为当时国内最有影响力、最受瞩目的微博运营商。相比较而言，腾讯微博在2010年5月才上线，比新浪微博迟了整整8个月，这对于一个战略性产品来说，几乎是难以追赶的时间差。同时，社交网络拥有“赢者通吃”的特征，新浪微博的意外蹿红，让腾讯的用户基础遭到前所未见的挑战。这时，腾讯一方面加大对微博的投入，另一方面在内部组建了三个团队同时研发微信，谁赢了就上谁的。在这段时间里，腾讯所有高管都在试用微信，有什么问题就立刻在群里反馈，研发人员立刻去改。终于，在2011年1月，腾讯正式推出微信，紧接着快速迭代，一举赢得海量用户，使得腾讯获得了一张移动互联网时代的优质船票，也使得腾讯安然度过“微博大战”，通过微信在移动互联网时代“纵横天下”。

可以说，腾讯在发展过程中经历了三个生死攸关的节点，但腾讯将危局一一化解，并且借势腾飞，这体现了腾讯员工的拼搏进取精神、合作精神以及创新精神。正是有这些价值观的贯彻与传承，腾讯才能在发展的大道上健步如飞，越战越强。

对人包容而不纵容

在一个企业中，人是最活跃的因素。企业文化的贯彻，离不开员工们集体对企业文化的认同与“皈依”。在企业文化的贯彻中，企业文化与员工之间往往要研究双向互动、信息对称，如果缺失了其中任何一个环节，都有可能造成员工对企业文化的误解，从而怀疑乃至背离企业文化。其实，这种背离就是对企业文化的精神否定和文化稀释，是企业尤其要注意的。

2005年8月，马化腾第一次向媒体宣布了腾讯的新战略：“腾讯希望能够全方位满足人们在线生活不同层次的需求，并希望自己的产品和服务像水和电一样融入人们的生活当中。”这标志着腾讯的企业发展策略从即时通信升级为互联网在线生活，腾讯的产品线也迅速扩张，导致员工规模急剧增长，腾讯的招聘速度更是可以用“爆炸”来形容，有段时间，员工队伍几乎每年增幅都达到了100%。

员工队伍越来越庞大，如何让新加入的员工深刻地理解并贯彻腾讯文化和价值观，如何让员工在保持工作激情的同时成为胜任的职业人呢？这是腾讯当时面临的一个重大挑战。腾讯必须在润物细无声之中，将企业价值观根植于员工内心深处。为此，腾讯不仅积极利用每一个宣传企业文化的机会，比如在公司前台、过道等公共空间通过一系列漫画传递公司的理念，漫画的主角通常是腾讯的小企鹅，提醒员工注意文明礼貌等，同时，腾讯还成立了专门的部门来推广企业文化。

2006年，腾讯正式成立了一个跨功能的团队文化管理委员会（腾讯最高层管理人员都参加），马化腾亲自带头督阵。这个委员会的主要职责是推广企业的价值观，从而加快新人融入公司的步伐。

团队文化管理委员会下设文化执行委员会，参加者大部分是各个部门的普通员工，他们共同推动着公司文化的建设和贯彻。文化执行委员会积极参与公司的多项工作。

腾讯每年都会召开管理大会和员工大会，这是公司定方向、定战略的重要会议，会议精神需要传达给每位员工。文化执行委员会在这个过程中就起到了重要的引导作用。比如，在战略大会上，公司专门划出时间，让管理者和员工共同讨论企业文化对公司的影响，以及企业文化怎样才能更好地发挥作用，引导员工反思过去工作的经验和教训。腾讯在企业文化上的努力，使得公司虽然在快速壮大，但其最核心的精神和价值观并没有消失和被冲淡。

另外，作为一家互联网公司，腾讯的不少年轻员工是颇有个性的，那么，当个性与企业文化发生冲突时，腾讯会怎么办呢？在这方面，腾讯有包容性，对于一些个人范畴的事情，比如从事游戏创意的员工可能不修边幅、个性十足，公司一般不会强制约束，而是给员工彰显个性的空间。但是，对于自私自利的行为，公司则会站在员工的立场加以引导和教育。

例如，我们前面提到过的“瑞雪行动”，就表明腾讯对于背离公司价值观的自私自利的行为是严格抵制的，绝不纵容。

可以说，腾讯文化的包容性给了员工适当发挥个性的空间，但是对于大是大非的问题，腾讯处理起来很坚决。比如，腾讯价值观的第一条就是正直，任何不正直的行为（包括贪污受贿、弄虚作假等）都是绝对不允许发生的。这是公司的“高压线”，触之必亡。在这个问题上，腾讯是立场鲜明的。以前，曾经有个员工平时工作表现不错，但在一次财务报账时，财务部门发现这个员工的出租车票里有连票现象。这个员工的解释是，上次出差票不够，少报了，这次补上。但是公司领导层在反复讨论以后，最终按照公司制度辞退了这个员工。这个事例说明，腾讯的价值观是不容侵犯的。其实，维护价值观，也正是为了更好地保护所有的员工。

居安思危：预防大企业病

微软的比尔·盖茨有句名言："我们离破产永远只有18个月。"联想的柳传志也说："我们一直在设立一个机制，好让我们的经营者不打盹。你一打盹，对手的机会就来了。"华为的任正非也认为："华为应该时时为自己准备过冬的棉袄。"海尔集团首席执行官张瑞敏也常以"始终战战兢兢，日日如履薄冰"来自律。

可以说，古今中外，任何保持基业长青的企业无不将"危机感"作为激励企业员工和促进企业萌发创新理念的原动力。在这方面，腾讯也不例外。

马化腾表示，常常害怕腾讯的产品被用户抛弃，害怕公司管理层跟不上公司的发展步伐，担心员工不能与企业和谐共进。马化腾说："我们的忧患意识比较强，经验告诉我们，大家如果担心这件事情有可能会发生，那么百分之百肯定会发生。今天想这个概率可能不大，只有1%的发生机会，但是一年有300多次这样的机会，这样一年内，这个必然会发生，概率会大很多。所以任何不好的东西，值得担心的东西，我坚信一定会发生，所以做好准备是要时刻记在心里面的。”

一般来说，科技企业从成长到稳定再到衰退，往往不超过10年，这种“短命”现象更是加深了科技企业的危机感。2013年10月，腾讯执行董事刘炽平在内部演讲中说：“诺基亚曾经是市值2000亿美元的公司，如今一下子70亿美元把最有价值的业务卖出去了；BlackBerry（黑莓）差不多摸到1000亿美元，900亿美元市值的公司现在也以40多亿卖掉了……可以看到，IT行业的变化非常残酷，千亿公司没落是非常非常正常的事情，甚至到千亿的时候没落的概率更大。一个公司大了，一个公司成功了会有自满、安逸的情绪，会内斗。以前大家都是一起创业的团队，之后开始利益分配不均就内斗了，还有官僚等问题。传统行业可能没有这么明显的感觉，我们在这种新的行业里，包袱越重没落越快。所以每个人都要有非常强的危机感，外面的人给你很多掌声的时候，这时候是最危险的。”

2014年，就在腾讯市值一片大涨的情况下，马化腾也在一次演讲中表示：“公司股价今年涨得非常厉害，9月17日，我们的市值突破了1000亿美元。我们知道很多公司对此梦寐以求，但是对很多总办的兄弟来说，对公司来说，这是一个最好的时候，其实也是最坏的时候，我自己感觉到心里相当不安。”

其实，腾讯高层的担忧并非杞人忧天，伴随着腾讯业务线的增长，内部机构日益庞大，作为一家上市公司，腾讯为了保持利润的不断增长，每个部门的KPI（Key Performance Indicator，关键绩效指标）完成值成为腾讯各部门的首要绩效考量。这种情况给腾讯内部各个部门之间带来难以避免的竞争。

在国内外的大型企业中，KPI成为通用的绩效考量标准，腾讯也不例外。腾讯各部门追求KPI的方式，几乎与国内多地曾经一味追求GDP

（Gross Domestic Product，国内生产总值）带来的后果相似。KPI在腾讯内部曾经实行一票否决制，每个部门完成业绩的多少直接影响本部门年底的绩效，同时也会影响部门员工的年终奖金。这种围绕KPI展开的竞争使得腾讯内部各个部门之间的竞争几乎到了白热化的程度。对此，2011年广州《时代周报》曾发表一篇文章《失控的腾讯帝国》予以描述。内部的过度竞争，一度陷于上市公司发展之殇的窠臼，围绕KPI而非创新突破险些使腾讯走上一条不归路。为此，腾讯成立了战略发展部，建立跨部门的协调机制，优化内部竞争，适当调整业务线，保障了企业的健康发展。

总的来说，腾讯适度的危机感不仅让企业时时枕戈待旦，保持发展的活力，也让员工化危机为动力，激发了企业全体上下的工作热情。

从家文化到球队文化

在创立后的很长一段时间里，腾讯和我国大多数民营公司相似，强调家文化。反映到行为上，腾讯特别重视宣传福利、待遇，比如：在福利发放方面，考虑到员工满意度，将福利做得更好；在活动感知方面，采取员工倾向的活动形式，提高满意度和归属感。总的来说，公司对员工比较客气，公司管理层也像家长一样，对员工的方方面面照顾都很周到。

腾讯COE下的企业文化与员工关系部经常要去总办做汇报，从与总办领导的定期沟通中，COE体会到，公司管理层倾向于扁平化的员工沟通方式，希望让员工在与领导交流时有像在家里说话的感觉。

在这种文化理念下，腾讯的福利待遇体系也很完善，例如，堪比城市公交系统的班车线路，员工加班获得的免费夜宵券，办公位上随处可见的QQ公仔卡通形象，让人顿感腾讯对员工的关爱可谓无微不至，让人颇有种来到“腾讯大家庭”的感觉，大家也以家文化为豪。

诚然，家文化有其益处，比如家文化倡导的核心“家和”，追求内部的和谐，有助于企业形成团结、凝聚、协调的整体。腾讯是一家产品导向的公司，企业文化与员工关系部在出台政策和主办文化活动时，会事先做用户调研，把员工当用户，发现腾讯文化确实给公司内外都留下了好福利的印象。

然而，随着公司的发展壮大，腾讯的家文化存在的问题也逐渐凸显，比如，由于在招聘时过于强调好福利、好待遇和“亲如一家人”，吸引来的员工会格外关心福利待遇。再者，HR和行政等部门根据总办领导的意见，在工作中以员工满意为使命，对员工的一切需求都尽量去满足，这让员工对福利和待遇的要求不免水涨船高。实际上，当员工过分关注福利和待遇，乃至于追求安逸时，其职业素养和奋斗精神可能会有所削弱。

为此，腾讯决定制定文化变革的战略目标，由企业文化与员工关系部承接该战略目标，要求文化的落脚点是变革员工的思维习惯和行为习惯，在腾讯文化中注入职业化竞争的因子，比如要让员工感受到自己在企业中应该承担什么责任，扮演什么角色，等等。

对此，腾讯企业文化与员工关系部副总监张铁军认为，企业首先要让员工意识到自己的职责、责任，要认识到企业不是享受安逸、消磨意志的地方，不是让员工找个安乐区舒服度日的地方，而是一个由职业化员工构成的大家庭，这样的家庭是能让人成长的。可以说，腾讯引入职业竞争文化的尝试是全方位的。

在福利方面，以前是人力资源部门与行政部门内部竞争，比如，一方想出了个福利的好点子，另一方还要做得更好，两个部门都以提高员工满意度为使命，看谁更能“讨好员工”。然而，这样一味满足员工的各种需求，使员工对福利、待遇的要求水涨船高。腾讯文化变革的目的正是消除员工对企业的依赖性，强调职业化素养。随着企业文化变革的落地，腾讯人力资源部门和行政部门的做法是，如果员工对一些福利实在抱怨不断、不满意，就暂停这些福利。COE的这种做法是先做好用户的预期管理，使得HR不会无底线地追求员工“满意”。例如，每年端午节给员工发粽子时，如果员工吐槽粽子档次不够高，那么这些员工可以选择不要粽子，而选择其他福利。

在招聘的策略方面，腾讯以前进行校园招聘时，常会强调公司的家文化，如好福利、好待遇；现在招聘时，则会首先明确地告诉候选者，腾讯要招聘的是“有梦想的实力派”，也就是说，只要你的实力足够强，梦想足够大，腾讯就会给你提供成长、成功的舞台。同时，腾讯在校园招聘时也更加强调用事业吸引人才。

在业绩方面，只有给予员工适当压力，让业务部门承担起必要的责任，才能促进员工将产品优化到极致。腾讯的各业务部门自由度很高，这也刺激了部门间的竞争。举例来说，在腾讯互动娱乐事业群，各个游戏工作室之间面临巨大的排名竞争，如产品的业绩排名、员工的绩效排名。在这种压力的驱动下，员工们为了取得更好的名次，会尽一切努力去做好产品。

总的来说，腾讯正在从倡导家文化转向宣传职业竞争的文化，这种职业竞争的文化更像是一种球队文化。一支球队是要面临各种挑战的，球队存在的理由是在与对手、与困难的决战中获胜，没有希望的球队或队员是注定要被淘汰的；全体队员要精诚团结、高效协调，各自承担起相应的职责，内部的攻防配合都要跟上；在球队中，能者上，平者让，庸者下，确保球队的高效运转，最终在比赛中获得预期的胜利。

腾讯链接：腾讯要保持忧患意识

2013年11月10日，腾讯迎来十五周年庆，为此，腾讯举办了一场盛大的峰会。在会上，腾讯董事会主席兼首席执行官马化腾就互联网的蓬勃发展进行了思考，同时号召全体腾讯人保持忧患意识。针对互联网行业的机遇和风险，马化腾主要谈了七个方面，归纳如下：

1. 连接一切

伴随着移动互联网时代的到来，手机作为人的一个电子器官延伸的特征越来越明显，比如，手机有摄像头、感应器等，而且这些感应器材通过互联网可以连接在一起，这是前所未有的。不仅人和人之间的连接增强，人和设备、设备和设备，甚至人和服务之间的连接也在增强，例如，微信公众号就是人和服务之间连接的一个尝试。互联网正在从PC互联网、移动互联网发展到物联网，甚至更高阶段的互联网，我们将生活在一个包罗万千的网络实体中，这是我们看待互联网环境下一切变化的基础。

2. “互联网+”创新涌现

这个“+”表示什么呢？表示传统行业中的各行各业。在我国互联网发展历程中，“互联网+通信”是最直接的；“+媒体”已经对传统媒体进行了变革，比如现在网站、微博等各种网络媒体；“+娱乐”“+游戏”已经颠覆了传统模式；“+零售行业”，比较典型的是电子商务；“+金融”，比如近些年出现的互联网金融等。

马化腾还回顾了人类历史上的第一次工业革命和第二次工业革命，人类从18、19世纪第一次工业革命发明了蒸汽机技术，到19、20世纪有了电力技术以来，人类社会的各行各业都发生了很大变化。比如，蒸汽机发明后，人类的动力输出得以大幅度提升，知识传播更加迅速，促进了人才培养；人类掌握了电力技术后，随之产生了大量延伸产品，如灯泡、收音机、电视机、电话等，促进了人类资讯的传播和沟通。从某种程度上来说，互联网革命更像是人类历史上的第三次工业革命，其实，工业革命对传统行业进行了一次升级，而非替代。

难能可贵的是，马化腾提出的“互联网+”这个概念迅速风靡国内外，对各行各业产生了深远影响。

3. 开放的协作

马化腾认为，在互联网时代，大型企业会更加聚焦于自己的核心模块，对于非核心模块则会倾向于同更有效率的中小企业合作。所以，互联网时代更需要协作精神。

4. 消费者参与决策

马化腾认为，这反映出互联网正在把传统渠道中的损耗效率的不必要环节革除，让服务商和消费者、生产制造商和消费者更加直接地对接，这使得厂商前所未有地如此近距离地接触消费者，同时，厂商通过互联网收集消费者的反馈信息，并且要追求极致的产品体验和口碑。

5. 数据成为资源

马化腾认为，互联网技术的进步，使得大数据成为一项可以实际应用的重要资源变为现实。比如，电子商务产生的海量数据可以应用于金融，应用于对用户信用状况的预测，等等，腾讯作为社交网络的一个巨大平台，每时每刻产生的海量数据，也正在成为一座待开采的“金矿”。

6. 顺应潮流的勇气

柯达曾经发明出了数码相机，但为了继续卖胶卷，却希望数码相机越晚“发明”出来越好，于是柯达把自己发明出来的数码相机雪藏起来，最终在胶卷相机向数码相机的变革中丢失了市场。

相比较而言，互联网行业的发展更为迅速。为此，马化腾认为，腾讯一定要深思互联网行业的发展，一定要在辉煌时保持忧患意识，要具备变革的勇气。

7. 联结一切的风险

人类的第一、第二次工业革命在推动社会高速发展的同时，也带来森林资源、矿产资源的滥采，在很大程度上造成了环境污染。同样，互联网在信息传播上的过于强大，有可能对信息安全管理产生不利影响。

延伸阅读：任正非的用人之道

华为公司成立于1987年，总部位于深圳，任正非是华为公司的主要创始人。华为初创时，注册资金不过2.1万元人民币，员工也没有几个；然而，截至2016年年底，华为已经有超过17万名员工，而且遍布于全球170多个国家，为全球1/3的人口提供着通信服务。

那么，面对如此庞大的员工队伍，华为是怎样进行人力资源管理的呢？我国春秋时期的思想家、哲学家老子在《道德经》中说“大道至简”，同样，对华为有着深远影响的任正非在人力资源管理上也总结出了一系列实用而简洁的方法，我们在这里就总结一下任正非的用人之道。

在企业团队中，全体员工大致可以分为高层、中层和基层，对处于不同层级的员工，要采用对应的方法，具体如下：

1. 高层干部要有决断力

任正非强调，高层干部要头脑勤快，不要用手脚的勤快掩盖思想上的懒惰，要懂得洞察市场、规划战略、运筹帷幄，不要习惯性地扎到事务性工作中去，关键是要指挥好团队作战，而不是自己卷着袖子和裤脚，下地埋头干活。当然，高层干部如果出于调研需要，适当走进基层是可以理解的，但是高层干部一定要把握好工作重心，要侧重于全局规划。

高层干部务必要确保公司做正确的事情，要保证进攻的方向是对的，要确保进攻的节奏是稳妥的，要保证好作战的资源是最优化的。相比较而言，有些企业虽然经常喊发展的口号，可是用人方式出了问题，就始终难以有所发展。比如，有的企业里，领导干部“事必躬亲”，总监在做经理的事，经理在做员工的事，员工在谈论“国家大事”，这种紊乱的用人方式，必然会阻挠企业发展。

2. 中层干部要有理解力

中层干部在企业中起着承上启下的关键作用，如果中层不力，企业高层决策就难以贯彻到基层，从而造成企业机体“血液不畅”。为此，任正非曾大声疾呼：华为公司要强大，必须要强腰壮腿，中层就是腰，基层就是腿，腰是中枢。

具体来说，中层干部要打破部门本位主义，不能“各人自扫门前雪，休管他人瓦上霜”，要坚决反对不考虑全局利益的局部优化，中层干部一定要有全局观；中层干部不要老坐在办公室里，要实行走动式管理，要“将指挥所建在听得见炮声的地方，要亲赴一线指挥作战”，只有这样，才能知道高层决策与一线实际情况是否吻合。比如，任正非本人也常到一线“体察民情”，确保政策符合实际。华为的核心价值观是始终坚持以客户为中心，快速响应客户，因此，中层干部一定要紧盯着客户和市场，践行企业的核心价值观。

3. 基层员工要有执行力

华为的员工普遍都是高级知识分子，如何将这些自命清高的“秀才”变成能征善战的“兵”，往往需要企业花费一定的心思。对此，任正非强调，基层员工，无论学历和学位多高，必须遵守公司的流程制度和规则，务必在各种场合服从组织纪律，一定要有铁一般的执行力。基层员工重在把事情简单高效做正确，不可随意发挥。任正非反对基层员工空谈，曾经有一次，一个新招来的员工针对公司经营战略问题洋洋洒洒写了一封“万言书”给任正非，任正非看后批复：“此人如果有精神病，建议送医院治疗；如果没病，建议辞退。”

当然，基层员工如果经过扎实工作，深入思考，言之有物，任正非也是会采纳与表彰的。比如，在1997年，一位博士学位的员工，在入职华为后，经过认真收集资料和做实际的市场调研，决定给老总任正非写一封名为《千里奔华为》的“万言书”，在该信中，他提出了华为存在的一系列问题和发展的建议。任正非读后称其为“一个会思考并热爱华为的人”，当即决定提升他为部门副经理，还安排将原文和讨论一并发表在了公司内刊上，并组织各部门骨干学习讨论。

总之，在用人方面，任正非强调，高层干部要有决断力，中层干部要有理解力，基层员工要有执行力，大家各谋其位，各司其职，才能在波涛汹涌的市场竞争中攻无不克，战无不胜，同时保障企业团队的高效运转。

中篇

腾讯如何选人用人

在招募人才时，腾讯的面试流程非常严谨和专业。
腾讯与谷歌、亚马逊等国际知名互联网公司的招聘有异曲同工之处，
招聘员工时，直接领导、工作伙伴甚至跨事业群合作的人员也会参与到面试过程中，
目的是全面了解应聘者的知识结构、工作背景、思考能力、综合素质、文化适应度和潜力，从而使企业找到最合适的人选。
对此，马化腾说："公司高速成长的两个重要前提是合适的组织架构和人才。"

腾讯在二十年的发展历程中，也逐渐摸索出了有效的用人之道：
以人为本，用人不疑，给予归属感，激发创意。
这些融入了腾讯日常的HR管理之中，也是腾讯从PC互联网时代到移动互联网时代，
以及到未知的互联网未来，
始终能够在互联网世界中拥有强劲的进化力，长期独领风骚的内在逻辑。

第五章

招聘有梦想的实力派

在互联网行业，腾讯是校园招聘比例较大的一家公司。腾讯从2004年上市至今，在每年的招聘中依然刻意保持着50%左右的校招比例。可以说，腾讯愿意为那些有想法的年轻人提供机会。在通常情况下，只要行政资源允许，腾讯会尽可能为每一位应聘者提供一个笔试的机会，并在招入后悉心培养他们。

腾讯的一位HR负责人常这样对应聘者说："如果你不热爱互联网，没有理想，真的别来腾讯，在这里工作挺艰苦的。"互联网是一个高速迭代发展的产业，从业者不仅要持续优化用户体验，还要经得起艰辛的磨砺。

实际上，招聘有梦想的实力派，不仅适用于校园招聘，也适用于社会招聘。可以说，企业招聘员工，一方面是解决现有业务问题的需要，另一方面也是出于培养未来希望的需要，毕竟我们难以预料，在未来的某个时机，哪位或哪些员工会为企业发展点亮新的方向。

用人必先选人

企业发展离不开人才，从产品设计到服务优化，从基层员工到高层领导，所有的创新与变革，说到底都是由人来推动的，而用好人才的前提是选好人。在通常情况下，企业在招聘时，会选择与企业价值观相同或相近的人，然后根据人岗匹配的原则，将人才资源配置在合适的岗位上，达到资源与平台的优化配置。

腾讯公司的价值观是“正直、进取、合作、创新”，这是腾讯在招聘时首要考察的因素。在通常情况下，只有在求职者符合腾讯价值观要求的基础上，其对应的毕业院校、专业等因素才可能会被进一步考虑。一般来说，招聘的员工只有认可公司价值观，才能称得上“志同道合”，才有可能一起做一番事业。

腾讯一旦选好了人，就会用人不疑，给其发展才华的机会和舞台。腾讯这种用人不疑，疑人不用的原则早在创始人马化腾处就已确立。比如，张小龙曾经开发了一款国产电子邮件客户端软件——Foxmail，2005年3月，腾讯收购了Foxmail，同时在征得张小龙同意的情况下，也将他收入麾下，张小龙在腾讯担任广州研发部总经理，全面负责并带领QQ邮箱团队。马化腾给了张小龙很大的自由，让他放手去发挥。正是在腾讯这样的选人、用人机制下，张小龙的才华得以充分发挥，后来他带领团队研发出微信，使腾讯的市值一路飙升，到2017年时已经突破了2000亿美元的大关。

应该说，腾讯历经20年发展，在招聘方面还是有些新颖的观点和实用的操作技巧的。比如说，腾讯HR部门在招聘中有个“精兵项目”，主要是为了招聘到优秀的员工。该项目主要包括以下三个方面内容。

1. 广开源

也就是说，企业要想选出优秀的人才，首先得有足够多的候选人可选。为此，腾讯既有社会招聘，也有校园招聘，招聘渠道更是多种多样，比如，在招聘网站上发布招聘信息，现场宣讲，委托猎头招聘，等等，从而使得腾讯具备了庞大的人力资源池。

2. 精甄选

这强调了两点。其中一点是精益求精，具体分为两种情况，一种是对于新增招聘，要求招聘的人员标准不能低于团队的平均水平，另一种是离职替补招聘，要求招聘的人员标准不能低于离职员工的职级水平；另一点是“亲力亲为”，腾讯认为，招聘是公司的大事，部门高管一定要重视，原则上来说，部门第一负责人一定要参与到面试工作中来，如果部门一把手实在忙不过来，要授权给部门总监，这位总监也应是有能力做好高标准人才把关的人。对此，腾讯认为，在招聘时“将来，才有将来”，也就是说，部门高级管理者一定要参与到招聘中来，才有可能为公司招聘来可做大将的人，公司也才会有更好的未来。企业要提升人才质量，在招聘时把好关是一个重要的手段。

3. 严需求

对于有招聘需求的业务部门，腾讯HR部门会协助做好调研，在确保岗位工作饱和度的情况下，发布招聘信息，开展招聘工作。

当然，无论是社会招聘还是校园招聘，腾讯对招聘到的新员工都会进行相应的培训。通过培训，一方面，腾讯可以向新员工介绍公司与行业的发展状况，以及公司规章制度等；另一方面，向新员工介绍腾讯的企业文化，加快新员工融入公司团队；还有一方面，希望新员工之间相互认识，消除新员工刚加入公司时的陌生感。

上面介绍的还只是腾讯新员工入职后的初期培训，后续还会有更加深入的培训，比如为新人一对一地安排老员工，帮助新员工尽快进入工作状态，等等，这些内容我们在后面会陆续讲到。总之，腾讯对于精挑细选招聘到的人才，是很负责任的。

人才是有区域性的

在世界经济发展历程中，有个“产业集群”的现象。产业集群通常分布在某个区域，该区域的大部分企业会围绕一个产业或者紧密相关的产业从事产品开发、生产和销售等经营活动。在集群成员内部实行专业分工，以供需关系为链接，实现采购本地化；在集群区域内部，有明显的学习效应，一个企业的成功往往会带动一大批具有分工合作关系的企业产生，其学习效应呈现一种裂变式效应。如果放眼世界经济，我们就会发现，不同国家和地区的大量产业集群的存在形成了色彩斑斓的“块状经济带”区域，这些区域极大地整合了产业资源，包括人力资源。

比如，美国境内比较均匀地分布着数以千计的各类产业集群，在有些州内还有多个不同的产业集群。我们以位于加利福尼亚州的硅谷为例，这里是美国重要的电子工业基地，也是世界上最为知名的电子工业集中地。分布在硅谷的高科技公司有谷歌、Facebook、惠普、英特尔、苹果、思科、英伟达、甲骨文、特斯拉、雅虎等；同时，硅谷还分布着美国一系列著名的科研高校，比如斯坦福大学、加州大学伯克利分校、西北理工大学等。可以说，美国硅谷不仅在高科技产业集群中引人瞩目，还拥有着世界一流的高科技产业人才。

同样，位于日本名古屋市的丰田城，是著名汽车品牌丰田的总部所在地，这里集聚了日本乃至世界的大量汽车产业人才。

再比如，德国的法兰克福集聚了德国的电信通讯及互联网行业、现代服务业以及金融产业，据统计，法兰克福的投资公司负责了从德国流出的80%左右的资本。相应地，法兰克福也是德国重要的人才高地。

产业集群的客观存在，在人力资源布局中呈现出一个突出的特点：人才具有区域性特征。

我们再以深圳产业集群为例。深圳号称“中国硅谷”，它的发展模型是参照了美国旧金山湾区（真正的硅谷所在地），位于深圳的著名高科技公司有华为、中兴、腾讯、创维等，位于深圳的著名大学有深圳大学（马化腾毕业的院校）、南方科技大学、香港中文大学深圳校区等。此外，深圳与东莞相距70公里左右，深圳的科研和东莞的IT电子产业加工使得该区域成为我国重要的IT产业集群带。

北京中关村是我国第一个真正意义上的知识和技术密集型的高科技产业集群，从中关村走出的著名企业有联想、百度、北大方正、清华同方等，此外，国内外很多知名IT企业也纷纷在中关村设立分公司或者研发中心。更引人瞩目的是，中关村一带分布有清华大学、北京大学、北京理工大学等科研院校39所，还有以中国科学院为代表的科研机构213家。截至2016年，北京中关村高新技术企业总收入4.6万亿元人民币，占全国高新区的1/6，对北京市经济增长的贡献率达到39%。同时，中关村在人工智能、石墨烯等新产业、新技术方面已经处于全球领先水平。据国际权威的人脸识别数据库显示，中关村有5家企业的人脸识别的准确率在99%以上，比美国硅谷还多2家。

另外，国内比较知名的产业集群还有福建省晋江市的制鞋产业集群、浙江省温州市的综合性产业集群、浙江省宁波市的服装产业集群。当然，我国除了这些较大领域的产业集群，在一些细分领域也存在产业集群，比如，江西省景德镇市的陶瓷业、山东省寿光市的水果蔬菜种植业、河北省辛集市的皮革业、河北有清河县的羊绒业等。可以说，每个产业集群区域都高度集中了相应产业的人才。

我们再以IT产业集群的人才分布为例，据统计，我国有超过80%的IT人才分布于华东、华北、华南和华中四大区域。IT产业的发展离不开人力资源的支撑，招聘到行业内的优秀人才是企业发展制胜的关键因素。

考虑到产业人才的区域性特征，我们以腾讯的校园招聘为例，腾讯会在全国范围内根据IT产业与科研院校分布来进行招聘，涉及城市有北京、深圳、广州、西安、大连、上海、成都等地。不仅如此，腾讯还在海外，如美国、澳大利亚等设立了招聘会场，力争招聘到相应区域的优秀人才。

英雄莫问出处

2012年，马化腾在微博上说了一句“核实了，很励志的故事”，让腾讯北京分公司的一个英文名叫Dream的保安在网上蹿红。Dream毕业于河南省一所高校，大学毕业后来到北京，做了“北漂”。由于初期求职不太顺利，Dream决定先从事上手很快的保安工作，以便尽快自食其力。2011年8月，Dream成为腾讯的一名保安。

很快，Dream成了腾讯北京分公司里的“名人”，大家发现，他不仅知道所有员工的名字，每天早上还会告诉每个人是第几个到的，并做一些善意的生活提醒，比如“明天会降温，注意加衣服”“今天加班这么晚，回去好好休息”。

对于这段经历，Dream后来回忆说：“保安是服务性质的工作，别人上班第一个看到的就是你，我觉得可以做得让大家更满意。做好手头的工作很重要，这样才能让人信任你。”功夫不负有心人，公司员工渐渐地将Dream当成了朋友，有时发现他在看计算机方面的书，还会耐心地为其解答一些专业问题。

2012年2月，新的机会来临。腾讯北京分公司研究院的一位负责人需要招聘一批外聘员工，她早就知道Dream在看计算机方面的书，就半开玩笑地问他是否愿意做一份基础性质的外包工作，要求能熟练操作电脑，并对数据敏感。Dream回答愿意，并在几天后的一个下午告诉这位负责人，自己已经正式从保安公司辞职，可以帮她做这项数据标注工作了。

Dream是一个非常努力，而且有梦想的人，还很好学，在经过面试环节后，Dream顺利成为腾讯的外聘员工，主要负责一些数据整理和数据运营工作。负责人告诉他，先做一些基础工作，在腾讯的学习氛围下好好积累，将来才有机会做一个好的产品经理。Dream说，他的梦想是做一个像乔布斯那样的终极产品经理。

对此，腾讯人力资源部门相关负责人说："腾讯向来本着公平、公正的用人原则，给予优秀人才最大的发展空间。而且英雄莫问出处，腾讯的人才来源非常多元化。"

Dream在腾讯工作一段时间后说："腾讯给了我真正接触互联网，加入一个团队，不断学习和成长的机会。这里不会因为我曾经是保安而排斥我，反而认可我的努力和工作，把我真正当作他们中的一员。"

其实，"英雄莫问出处"在腾讯并非个案。曾经有个员工，在腾讯从事产品设计工作，这位员工在大一时就休学了，他担心学历不高会影响自己的发展，因此给马化腾写了一封邮件，问自己是否应该返校就读。对此，马化腾在繁忙之中仍认真地给他回了一封邮件：

"先问一下，你现在是正式入职了吗？设计工作比较专业化，如果你觉得目前的工作能让你快速成长，不仅是专业水平，成熟程度、协作能力以及管理能力有很大潜力能提升的话，那学历不会是一个太大的问题。有的人只有中专学历一样能赢得大家的敬重和认可。但是如果你觉得人生之中还是需要有一段完整的大学经历才不会后悔的话，继续回去完成学业也是一个很好的选择。毕竟有能力也不怕找不到工作。我不知道你现在的水平和考核在团队中是怎样的，如果是属于优秀的级别，我相信你可以先在腾讯挂上号，将来再回来应该也是没有问题的。当然这一切要靠你自己的选择，也听听家里的意见吧。”

工作一年后，这位员工获得了马化腾在邮件里所说的优秀级别，后来，随着小组成员队伍的壮大，这位员工还成为所在设计模块里的负责人和接口人。再之后，这位员工不愿离开伴随自己成长的腾讯平台，便回到学校正式办理了退学手续，一心一意与腾讯共同发展。

最后，在人才招聘方面，也正如腾讯人力资源部门的一位负责人所说：“我们选拔人才的核心标准是‘有梦想、爱学习的实力派’。对于有能力、有潜力的优秀人才，我们乐于帮助他实现自己的梦想。”

新员工入职培训

腾讯每年招聘的新员工分为两部分，一部分是通过校园招聘的应届生，另一部分是通过社会招聘的，有一定工作经验的职场人。无论是通过哪种渠道进入公司的新员工，在入职后都需要进行培训，从而更快地融入公司。腾讯新员工培训由COE下的腾讯学院负责实施。

一般来说，新员工入职培训的及时性很重要，尤其是社会招聘，如果一个新人入职一个月后才接受相关的企业文化培训，那么培训效果无疑会大打折扣。因此，新员工入职后，腾讯会尽快根据入职人数进行动态排班，比如进行一场集中培训，对校园招聘的应届生一般是进行十天的封闭式培训，对社会招聘的新员工一般是进行两天半的集中培训，讲师会以“腾讯思维”倡导的体验式培训讲述沟通技巧、职场修炼等知识技能。

腾讯学院对新员工的培训体系主要有三个特点，分别是系统性、创意性和因需而变。其中，系统性是指将培训分为三级，包括公司级、BG（事业群）级和部门级，从而比较全面地完善新人培训；创意性是指腾讯学院在培训中采用了一些有创意的项目，如达人访谈、新人实验站等；因需而变是指根据新员工线上和线下的学习需求，丰富新员工的学习方式，从而提高学习效率。

对新员工进行入职培训，腾讯主要是为了达成以下目标：一是希望新员工能够比较深入地了解和融入腾讯企业文化，解决员工队伍带来的文化稀释的问题；二是互联网行业技术更新快，即便是职场人，也有技能提升的需求，因此，可以通过培训快速提升新员工的岗位技能；三是通过新人培训建立人脉关系，尽可能减少新员工初来乍到的陌生感，促进团队内部的沟通和交流。

在具体开展培训时，腾讯学院会先了解新员工的综合状况，相当于先了解“用户画像”，然后抓住用户需求，满足用户的培训需求。另外，腾讯为新员工提供“1+1”的导师服务，每个新员工都可以有一名相同领域的资深员工作为导师。在一般情况下，新员工在入职的第一周会随机采访公司内的老员工，请老员工讲述在腾讯的经历和故事，感受老员工对腾讯文化的切身体会。通过这种感性而且近距离的接触，新员工会更加深入地理解腾讯文化。

导师会将培训内容与实际业务场景结合起来，鼓励新员工动手解决实际问题，还支持新员工的新创意和实践。在培训中，腾讯学院会根据实际情况采取一对一辅导，或者集体辅导，致力于将腾讯理念传达给员工。

腾讯强调做精品意识、用户体验、团队精神等。因此，在培训中，培训老师有时会根据需要安排新员工到腾讯客服中心去听客服人员如何接听用户的电话，从而传递公司倡导的理念。

马化腾非常重视新员工培训，有时还会身体力行地参与新人培训，这使得公司上下都很重视新人培训。腾讯还非常重视对新员工的领导力培训。

总的来说，腾讯通过丰富多彩的入职培训，有效地帮助新员工提升岗位所需的专业技能，拓展了他们知识的深度与广度，帮助他们尽快地融入腾讯大团队，从而快速胜任岗位工作。

腾讯链接：腾讯社招面试流程

腾讯招聘员工主要分为社会招聘（简称“社招”）和校园招聘（简称“校招”）两种渠道，我们主要介绍一下社会招聘。在社招时，腾讯HR人员对于有意向的求职者，会通知对方前来面试。为了安排好面试，腾讯制定了一套面试流程，大致如下：

部门秘书（接待应聘者）→初试官（专业初试）→复试官（专业复试）→部门GM（General Manager，总经理）面试→通道分会（通道分会面试）→HR面试官（HR资格面试）→EVP/VP（Executive Vice President，执行副总裁）面试→背景调查→HR面试沟通→GM录用审批→审核并确定是否录用→EVP/VP审批→审核并确定是否录用，备案。

我们接下来对上述面试流程进行详细解释。

在接待应聘者的环节，部门秘书负责接待应聘者，引导其进入面试环节；对于高级人才或处于外地，需深度面试的人员，负责招聘业务的HR人员要协助部门秘书提前做好安排，如帮助应聘者购买机票、安排食宿等，同时提前知会相关面试官，安排好时间，确保面试顺利开展。

在专业初试环节，初试官主要考察应聘者的知识技能、工作经验与岗位的吻合度，并从专业素质判断其发展潜力；初试官需规范填写专业面试考核意见，提出工作岗位安排建议；初试官的任职资格应在专业等级2级及以上，或管理等级1级及以上，并通过公司招聘调配组组织的专业面试官资格认证。

在专业复试环节，复试官要进一步验证应聘者的专业技能能否满足岗位要求，判断其专业发展潜力，还要考察应聘者素质特征是否符合岗位要求，与本团队匹配度，负责澄清初试官面试过程中的疑点；复试官要提出工作岗位及等级安排，并规范填写专业复试考核意见；复试官的任职资格应在专业等级3级及以上，或管理等级1级及以上。

在部门GM面试环节，部门GM审视上述两轮面试的结果，澄清面试中的疑点，重点关注应聘者与本团队的匹配度，还要了解应聘者的求职动机、薪资要求、岗位要求等问题；部门GM还要提出工作岗位及等级安排，并规范填写面试考核意见。

在通道分会（即社招通道设在不同城市的面试分会场）面试环节，被评定为专业等级3级及以上，或管理等级1级及以上的应聘者需参加该环节面试；本环节由通道分会会员参与对应聘者的面试，主要考察应聘者的素质特征、文化匹配度、岗位适应性、专业技能的水平及发展潜力，确定应聘者的工作岗位及等级，并规范填写通道分会面试考核意见。

在HR资格面试环节，HR面试官主要考察应聘者的求职动机、离职原因、基本素质特征、工作稳定性、经历与岗位要求的吻合度及薪资水平与期望。对于本环节面试结果，HR面试官要规范填写HR资格面试考核意见。HR面试官的任职资格为招聘调配通道专业等级2级及以上，或HR其他通道专业等级3级及以上，或管理等级1级及以上。

在EVP/VP面试环节，被评定为专业等级4级及以上，或管理等级2级及以上的应聘者需参加此环节面试；各BU认为需要EVP/VP面试的应聘者需参加此环节面试，该环节重点关注应聘者的综合素质、文化匹配度等。

在背景调查环节，所有专业职级3级以上和具有管理职级的候选人，一些特殊职位类的候选人，如财经类、HR类、采购类候选人，所有离职回流人员，以及其他情形的候选人（如部门特别申请需要做背景调查的候选人），需要参加此环节面试；调查项目有基于诚信的背景调查（适用范围为所有调查对象），基于胜任素质的背景调查（适用范围为所有具有管理职级的候选人和部门特别申请的候选人）；本环节的调查责任人为招聘HR或专业背景调查公司。

在HR面试沟通环节，HR面试官要全面审视面试流程有无遗漏点，处理候选人的薪资谈判，确定拟录用候选人的岗位安排、工作地点等信息，特殊岗位（专业等级3级及以上人员、财务、采购、HR等）的背景调查，优秀人才的说服等工作；HR面试官的任职资格为专业等级2级及以上。

在部门GM录用审批环节，部门GM确定是否录用，并确定拟录用人员的工作岗位、工作地点、专业等级、薪资水平等。

在BU审核并确定是否录用环节，有相应BU的HRM（Human Resource Manager，人力资源经理）、HRD（Human Resource Director，人力资源总监）全面审视面试过程的真实性及评价意见的一致性，确保程序公正、客观、规范，还要审视拟录用人员的专业职级、薪资水平是否合理。

在EVP/VP录用审批环节，EVP/VP最终确定是否录用；对于特殊人才或高端人才的录用审批，EVP/VP需关注薪资水平、岗位设置等问题。

在审核确定是否录用及备案环节，人力资源部负责审核面试资格人、面试流程是否达到公司要求，是否有招聘编制，对特殊候选人（如回流员工、敏感岗位员工）的录用是否符合公司要求，应聘者的专业职级是否符合公司的招聘要求。人力资源部还要做好录用人员的编制记录，对应聘者审批通过后要转至员工关系组，安排新员工报到。

延伸阅读：柳传志的识人智慧

柳传志在1984年创立北京计算计新技术发展公司（联想集团前身），在他的领导下，早在2013年时，联想电脑销售量就升居世界第一，成为全球最大的PC生产厂商。柳传志在创业过程中，一手培养起多个联想系的接班人，如杨元庆（接任联想集团董事长兼CEO）、郭为（担任神州数码控股有限公司董事局主席）、朱立南（担任联想控股有限公司常务副总裁）、赵令欢（担任弘毅投资总裁）等，柳传志堪称慧眼识英才的“伯乐”。

在识人知人方面，柳传志对一个有领导者潜质的人所应具备的特征进行了系统性总结：

1. 追求共同利益和远大目标

柳传志认为，一个人最精妙的智慧就是“妥协”，要能够分清什么是自己能够改变的，什么是自己不能改变的。为此，一个人在顽强地改变那些自己能够改变的东西的同时，也要有足够的胸怀去包容那些不能改变的东西。只有这样，才能激励大家求同存异，为共同的利益和目标而奋斗。

2. 能舍小家为大家

柳传志认为，联想要打造一个“没有家族的家族企业”，“没有家族”是指联想公司不能让某个家族拥有，“家族企业”是指联想文化一定要像血脉传承那样代代延续，确保企业基业长青。

3. 能够带领团队学习成长

柳传志认为，企业团队只有通过学习，才能提升理论认知水平，强化实践操作能力，实现自我超越；员工整体能力素质提高了，企业发展才能真正迈上一个新台阶。为此，团队一定要注意学习、认真总结，坚持创新性学习。

4. 要能够带兵打硬仗和胜仗

柳传志认为，一个有志于带领团队的人，应该有军人的气质和作风，要具备“带兵打硬仗、打胜仗”的能力，要懂得发挥团队的作用，懂得不断修正战略、强化执行力，要打造出一个自强不息的团队。

5. 集体贯彻核心价值观

柳传志认为，一个团队之所以能够高度协调，是因为团队成员具备共同的核心价值观，只有这样才能“心往一处想，劲往一处使”。为此，一定要在团队里深入贯彻核心价值观，激励员工执行公司战略。

6. 能够调动和挖掘各方积极性

自古以来，凡成大事者，无不充分调动各方的积极性，整合各方资源。一个好的领导者，会注重发挥团队内每个人潜在的能力和作用，发挥团体的整体优势，只有这样，才有可能实现组织交付的战略任务。

7. 能适应现实环境

一个人不要刻意把自己视为一个“完美”的化身，要能够认识和适应现实环境，要对自我有清晰而正确的认识，既要做成事，又要保护好自己。管理者的“妥协”是有条件的，“妥协”是为了团结一切可以团结的力量，但是大的方向和原则不能动摇。

8. 能够慧眼识人和培育人

企业选人，一要看人品，二要看专业才能。联想在选人时，主要青睐三种人才：第一种是能独立做好一摊事的人；第二种是能带领一班人做好事情的人；第三种是能审时度势，具备一眼看到底的能力，制定战略的人。第三种人才是战略型人才，对企业发展有着深远影响。

9. 能建立广泛的人际关系

一个人拥有良好而广泛的人际关系，是走向成功的一个关键因素。如果一个人能够重视和搞好企业内外关系，能够调动各方力量来为企业服务，那么这个人就有了成为企业领军人物的先决条件。

如果把上述内容再予以概括，我们可以进一步把领导者特质浓缩为三点：一是能够站得高，看得远，能为他人指明前进的方向，提出正确的目标和思路；二是能够挖掘和发挥他人的潜力，满足他人的愿望，充分调动大家的积极性，让大家心甘情愿地跟着走、跟着干；三是能够适应现实的需要，既能坚持原则，又能采取灵活的方法，以保证目标实现。

第六章

员工绩效管理

企业为了达成战略发展目标，通常需要将目标层层细分，最终落实到员工身上，就是一系列绩效管理。可以说，绩效管理承载了企业的战略目标，同时又像一根指挥棒，影响甚至决定了员工的言行。

腾讯作为一家大型互联网公司，拥有一支庞大的员工队伍，在对员工的管理上，显然离不开一套绩效管理制度。腾讯绩效管理体系包括关键绩效指标体系KPI、公司绩效管理、员工绩效管理、年度综合评估等。

腾讯绩效考核以KPI为基础，以业绩衡量标准和工作结果对员工行为结果进行考核；绩效考核以目标为导向，依靠绩效目标的牵引和拉动促使员工实现绩效目标；绩效考核强调管理者和员工的共同参与，强调沟通和绩效辅导。

末位淘汰制好吗

末位淘汰制是一种绩效考核制度，主要是指企业根据自身总体目标和具体目标，再结合各个岗位的实际情况，制定一定的考核指标体系，以此指标体系为标准对员工进行考核，根据考核结果对得分靠后的员工进行淘汰。末位淘汰制既有积极的作用，也有消极的作用。

1. 末位淘汰制的积极作用

（1）激励员工，调动员工的工作积极性，避免人浮于事。据研究，人在安逸、没有压力的环境中容易缺乏斗志，甚至变成“被温水煮的青蛙”，从而造成整个团队缺乏生机。末位淘汰制是一种强势管理，通过给予员工一定压力，激发他们的积极性，从而使整个团队处于一种积极进取的状态，解决了人浮于事的问题，有助于提高工作效率和组织效益。

（2）精简机构，促进社会资源重新配置。企业通过末位淘汰制，对不同绩效级别的员工实施淘汰，在某种程度上兼顾了公平，也有效地缩减了机构，同时，促进被淘汰员工再就业，推动了人力资源的重新配置，有助于资源配置的优化。

（3）推动企业干部队伍建设。末位淘汰制不仅适用于基层员工队伍，也适用于中层干部队伍，通过末位淘汰制，将干部队伍考核置于群众监督下，实现“优者上，庸者下，劣者汰”，从而优化干部队伍建设。

（4）末位淘汰制在相应的阶段予以实施是有益的。一般来说，企业对员工的管理大致分为三个阶段：第一阶段是人力成本阶段，企业认为员工是成本，员工来企业是“求职”，企业则是处于主动位置的“招聘”，在这种情况下，企业会缺乏对员工的尊重和信任，甚至认为只要把员工工资压低，就能多出效益，此时，员工只有兢兢业业地工作，不能偷懒，才能保住“饭碗”；第二阶段是人力资源阶段，企业逐渐认识到员工主动干和被动干的效率与效果有着显著不同，于是，企业开始注重对员工的培训，重视提高员工的技能，还引入一系列绩效考核制度，旨在“倒逼”员工发挥主观能动性；第三阶段是人力资本阶段，企业逐渐认识到，企业的竞争正在越来越多地依赖创新因素，创新的竞争又归根结底是人的竞争，因此，员工逐渐被视为企业的资产，保障企业增值最根本的办法是让员工增值。

目前，我国企业对员工的管理已经基本度过第一阶段，处于第二阶段向第三阶段过渡当中，其中，有些行业已经开始迈入第三阶段，一些企业开始将员工视为资产，包括腾讯、阿里巴巴等。在通常情况下，末位淘汰制在第一阶段和第二阶段比较有效，考核简单，直接根据考核结果淘汰，而在第三阶段，考核指标会向创新、企业文化的维护等多个方向侧重，这要比以往考核更为复杂，因此末位淘汰制的具体实施也在面临调整。

2. 末位淘汰制的消极作用

（1）从法律的角度看，末位淘汰制有违法的可能性，企业和员工共同签订的劳动合同是双方的法律行为，在合同期限未满之时，任何一方单方面解除劳动合同，都必须有法定的理由，否则就视为违法。而在末位淘汰制中，企业与员工解除劳动合同的理由主要是员工的工作表现不好，这在法律依据上有些不足，使用不当可能会造成违法。

（2）从科学的角度来看，不同行业、不同企业的发展水平也不均衡，有些企业绩效考核不佳的员工，可能在其他行业或其他企业里很好，这样的话，企业即便淘汰掉了末位员工，实际效果也可能不如以前。再者，如果一个团队里的员工都很优秀，可是出于“末位淘汰”硬要淘汰一些人，也是不科学的。

（3）从人格角度来看，被辞退的员工是被“淘汰”的，在一定程度上有损人格尊严，如果处理不当，甚至造成被“淘汰”员工的心理扭曲，比如“破罐子破摔”，从这个角度上来看，末位淘汰制过于残酷，甚至是对人的尊严的伤害，同时，也会在某种程度上动摇团队信念，这甚至直接影响团队整体目标的实现。

（4）从管理学的角度来看，末位淘汰制不符合现代管理学提倡的“以人为本”的管理理念。人本管理以尊重人性、挖掘人的内在潜能为宗旨，努力通过创造一种宽松、信任的外在环境而充分发挥人的主动性、团队精神、责任感、创新性，因此，人本思想注重长远效应，而非短期效应。末位淘汰制作为一种典型的强势管理，主张通过内部员工的竞争来严加管理，员工外在的环境是紧张的，在这种环境中，员工的心理压力很大，甚至每日惶惶不安，同事关系也很紧张，团队精神容易恶化。再者，企业在招聘、培训、培养员工方面通常需要付出昂贵的代价，末位员工被淘汰，对新招的员工又要培训和培养，会影响团队的整体绩效，更为重要的是，末位淘汰制一般是注重短期效应的，这与当今企业日益看重长期效益是不相符的。

在我国，最早推行“末位淘汰制”的企业有华为等公司。2000年，正值华为的巅峰时刻，任正非以一封《华为的冬天》内部信，提醒华为人要居安思危，并拉开了“末位淘汰”的序幕。对此，任正非说：“末位淘汰制是永不停止的，只有淘汰不优秀的员工，才能把整个组织激活。”当然，对于华为的这场“末位淘汰”，众说纷纭，我们在此不做过多议论。

总的来说，末位淘汰制实行这么些年，人力资源业界通过大量的企业实践，已经渐渐达成共识：从理论上来看，“末位淘汰”确实有助于向员工施加压力，让员工保持忧患意识，避免员工陷入“小资情调”，丧失斗志；但从长远来看，会对企业的文化建设造成重大损害，某种程度上也是对企业人本管理的一种背离。所以，在企业运营正常的情况下，“末位淘汰”只能偶尔为之，不宜作为长期战略。

相对来说，腾讯“视员工为企业的第一财富”，在实施末位淘汰制方面也是非常小心的。另外，腾讯公司在很早就建立了“内部人才市场体系”，员工只需要在原部门工作满三个月就可以申请调部门。在2011年时，通过“内部人才市场体系”完成调动的员工就有数百人，均属自愿提出申请。

让内部沟通无障碍

一家快速成长型的企业，往往会面临员工队伍急剧增长的局面。腾讯自创业以来，从最初的5个人增加到4万多人（2017年8月数据），在近20年时间里，员工数量足足增加了8000多倍。人数多了，沟通就成了问题。这些新增加的员工通常有不同的背景、想法和做事风格，如何保证有效沟通，避免形成信息孤岛，这对企业的运营效率有着重要影响。

对此，早在2007年，腾讯员工增加到3000人时，时任腾讯人力资源总监奚丹就说："公司到3000人的时候，能不能达到300人甚至30人的沟通效率和水平？这对我们提出了很高的挑战和要求。"

在提升内部沟通效率方面，腾讯先是严把招聘入口关，正如奚丹所说："在招聘时就应该找到适合自己的人，而不是指望招进来后再改造他们。"俗话说"江山易改，本性难移"，腾讯在招聘环节，就挑选那些与腾讯价值观相近或相同的人，这样的话，基于相近或相同的价值观，才能够更好地在一起共事，否则"道不同不相为谋"，必然会给团队内部沟通和建设带来很大的挑战。

另外，腾讯的管理体系是扁平化的，以前是三级，从基层员工到部门经理再到高管层，后来人数多了，便在基层员工和部门经理之间增加了一个基层管理干部的岗位，由这些基层干部直接带领员工。在腾讯的扁平化管理体系中，部门经理和基层干部是关键的岗位，在腾讯公司的沟通体系中起着承上启下的关键作用，因此，腾讯会对他们细心培养。相比较而言，内部层级不多，组织结构扁平化，为腾讯内部的顺畅沟通在机制上提供了保障。

我们知道，腾讯作为中国最大的即时通信平台提供商，为海量用户提供了便捷的沟通方式，同样，腾讯为内部员工也提供了便捷的电子化沟通平台。在这方面，腾讯内部除了使用QQ、微信以外，还有一个更为正式的即时通信工具RTX，即腾讯企业版即时通信产品。腾讯员工在每天上班时，都会第一时间登录RTX，通过RTX可以看到不同员工的在线、离线、离开、暂时离开等状态，从而在很大程度上拉近了员工之间的距离。

此外，腾讯内部的BBS的利用率也很高。员工可以在BBS上讨论各种各样的问题，包括自己的工作、公司管理状况、业余活动，甚至一些育儿保健等生活类的知识；同时，为了减少员工的顾虑，BBS还支持匿名。公司管理层一般都会关注这个BBS，也会经常发言，如果遇到一些关注度较高的问题，管理层也会在BBS上表自己的看法。为了充分用好这个BBS，腾讯还专门建了一个平台，叫总办交流平台，员工可以在总办交流平台上发言，包括直接向高管层领导提出问题，高管层领导通常会抽出时间耐心回答，其他人也可以在平台上看到这些交互信息。

当然，人从根本上来说是感性的，再先进的电子化沟通工具也不能替代面对面的沟通。为此，腾讯COE下的企业文化与员工关系部就设置了专门负责员工关系的小组，这个小组的组员会从企业文化、身心健康、劳动关系、人事手续、户籍管理等方面协调员工之间的关系，优化内部沟通。为了进一步拉近与员工之间的距离，小组内还有健康顾问，除了解决腾讯员工平时一些头疼脑热的小毛病，还扮演了心理咨询师的角色，与员工交流谈心。

为了使基层员工能够有机会与最高管理层面对面交流，腾讯还举办了每两周一次的“总办午餐交流日”，员工可以自由报名，通过抽签选中12人和总办成员代表一起吃饭，就餐期间可以与总办领导交流问题。此外，新员工培训的时候，总办领导也都会尽量参加，跟大家进行对话和交流。在腾讯每年一度的腾讯晚会上，总办领导一般都会上台表演节目，和员工共同庆祝一年的收获。在腾讯办公区的每层楼里，都设有一个“总办信箱”，接受任何员工的检举和投诉。

总之，腾讯通过让内部沟通无障碍，努力践行企业文化中的一项要求：“在企业文化方面，腾讯人强调以做人之道引领做事之道。以健康简单的人际关系、严肃活泼的工作气氛、畅快透明的沟通方式，使员工保持与企业同步成长的快乐，不断激发员工潜能，追求个人与公司共同成长。”

用好KPI这根指挥棒

KPI，是把企业的战略目标分解为可量化、可操作的工作目标的工具，是企业绩效管理的基础。KPI可以使部门主管明确本部门的主要责任，并以此为基础，明确部门人员的业绩衡量指标，使业绩考评建立在量化的基础之上。可以说，建立明确的切实可行的KPI指标体系是做好绩效管理的关键。

企业要在众多业绩考核指标中提取KPI，是基于管理学中的“二八规律”。也就是说，在一个企业价值创造的过程中，存在“20/80”的规律，即20%的骨干人员创造企业80%的价值。具体到每一位员工身上，“二八规律”也同样适用，即个体80%的工作任务是由20%的关键行为完成。基于此，企业在对员工进行考核时，要重点抓住这20%的关键行为，对其他进行分析与衡量，从而把握业绩考评的重心。

在学生时期，我们总会面临考试的压力。考试如同一根指挥棒，考试大纲要考什么，我们就会朝着那个方向努力，考试大纲中占分数比重最大的部分，会引起我们的格外重视。从某种程度上来说，KPI也好比一根指挥棒，KPI要考核什么，员工就会朝着相应的指标去努力，做好了就获得奖励，做不好就接受处罚。因此，KPI可以给员工指明努力的方向，带来前进的压力和动力。

综上，一套科学而行之有效的KPI指标体系非常重要。从某种程度上来说，KPI反映出了企业的战略目标和价值观。

企业在制作KPI时，要把握住三个原则：一是目标导向，KPI必须依据企业目标、部门目标、职务目标等来确定，把个人和部门的目标与公司的整体战略目标联系起来，以全局的观念来思考问题；二是可操作性，每一个考核指标必须有明确的定义，描述应当简单明了，易于接受和理解，考核指标还应当比较稳定，不宜频繁更改或者短期内变动幅度较大，考核指标还要可控制，可以达到；三是强调行为输入与结果输出之间的因果关系，将输入与输出视为一个整体，进行端点控制。

实际上，绩效管理最重要的是让员工明白企业对其要求是什么，员工应该如何开展工作和改进工作，以及会有什么样的奖励和处罚。绩效考核主要实现两个目的：一是绩效改进，二是价值评价。绩效考核，应该促进企业内部的沟通，提升解决问题的水平，从整体上推动员工成长，提高企业绩效。

在实践中，很多企业对KPI的完善都有一个渐进的过程，腾讯也不例外。比如，腾讯在初始运用KPI时，过于看重内部竞争，正如《时代周报》记者在2011年发表的一篇文章《失控的腾讯帝国》中所述："腾讯内部的员工都很重视上内刊，这是可以表功的，每个部门都是争取上内刊让领导看到为重。这几乎占据了有些部门比重的一半，我们的日常事务是分级的，为P0～P3级别，P0是最重要的，但时常是对内宣传。"

当时腾讯有一种奇怪的现象：公司不太注重对外宣传，公司内的各部门很注重对内宣传。例如，走进腾讯大厦内部，电梯里的宣传视频中都是企业内部宣传片的内容，而电梯间的宣传易拉宝上印的也都是企业内部的优秀事迹。据了解，这两个最常见的公共领域的广告席位，每个部门也都是要去战略发展部争取才能获得。可以说，腾讯当时的KPI高度重视完成领导交付的任务，获得领导的肯定，从而在很大程度上造成了各部门纷纷想要获得公司高层领导的“器重”，赢得“认可”。

时过境迁，如今的腾讯在绩效管理上已然更加成熟，能够更加科学地运用与掌控KPI。比如，在2016年11月，马化腾在接受记者采访时表示：“要把为用户服务的意识灌输到每一个产品、设计，包括每一个运营的员工心里，而不是为了完成领导交代的任务，一个KPI。……不要掉入KPI的陷阱。”

马化腾再次强调了腾讯“一切以用户价值为依归”的经营理念，指出公司是为了更好地解决“用户痛点”而创新，而不是单纯地为了KPI去创新。

总之，KPI就是一根指挥棒，本质上是一个用于绩效管理的工具，只有真正把握住了企业存在的理由——为了更好地服务客户和用户，才能用好这根指挥棒。

腾讯的多重激励

在对员工的激励方面，腾讯内部有一个完整而丰富的激励体系。我们在此主要谈一下股权激励、老员工激励以及员工的晋升激励。

股权激励，也称为期权激励，是企业为了激励和留住核心人才而推行的一种长期激励机制，是目前常用的激励员工的方法之一。1950年，美国很多企业开始实施“高管持股计划”。此后，股权激励渐渐成为一个趋势，世界上很多国家和地区的企业纷纷实行股权激励。

股权激励旨在解决经理层与股东之间存在的利益冲突，通过股权激励使两者的利益一致，共同分享公司的利益，从而约束经理层的短期行为，促进经理层与股东“风雨同舟，荣辱与共”。

然而，股权激励好是好，但若实施不当，或者选错激励对象，可能会使股权激励难以发挥应有的效果。在这方面，马化腾对股权激励拿捏比较得当。比如，早在腾讯创业时，马化腾出主要的启动资金，曾经有人想加钱占更大的股份，被马化腾一口回绝：“根据我对你能力的判断，你不适合拿更多的股份。”马化腾还解释说：“股份要跟你未来做的贡献和能力以及在公司起的重要性尽量匹配。”

马化腾认为，在一个企业里，如果拿大股的不干事，干事的股份又少，就会产生矛盾。同时，在创业之初，马化腾还自愿把自己所占的股份降到47.5%，马化腾对此解释说：“要他们的总和比我多一点，不要形成一种垄断、独裁的局面。”

与此同时，马化腾又要求自己出主要的资金，在主要资金中占大股，对此，马化腾认为：“如果没有一个主心骨，股份大家平分，到时候肯定出问题，同样完蛋。”可见，以马化腾为首的腾讯高层，从一开始就对股权激励持谨慎态度，这也在很大程度上保障了公司的稳健运行。

腾讯在发展历程中，实行过多次股权激励。比如：在2008年8月，腾讯董事会决议向184位员工进行股份奖励，从而更好地利用公司资源，吸引和挽留公司发展所需的人才；2009年7月，腾讯董事会又对1250名员工进行股份奖励；2016年11月11日，恰值腾讯18周年纪念日，腾讯向全体员工每人送上300股腾讯股票，作为公司成立18周年的特别纪念，按一年后的收盘价计算，这300股价值约8.3万元。

另外，随着企业发展壮大，企业中自然会出现大量“功勋卓著”的老员工。这些老员工在公司上市后，因手中握有大笔股票而获利甚丰，这在一定程度上导致了他们工作动力不足。对此，马化腾在2009年接受《21世纪经济报道》采访时说：“我们的‘老人’（老员工）分两类。一类是真正没有动力了，一般的激励已经激励不了他了。没办法，他想自己出去创业。另一类是仍然保持很强的动力，他还能成长，就是说不需要你激励，他就为了兴趣，为了成长。”

对此，马化腾认为，一定要弄明白“老员工最想从工作中得到什么”。对于马化腾提到的第一类老员工，腾讯会开明地接受老员工的辞职，鼓励他们做好接下来的事业，腾讯在有机会、有能力的情况下，还会予以协调和帮忙，比如，腾讯早期创业的几位元老级员工离开腾讯时，被腾讯授予“终身荣誉顾问”的职衔。对于第二类老员工，公司会给他们提供成长的机会和舞台，帮助他们成长。

另外，腾讯考虑到员工有内在的晋升需求，以及要将合适的人放到合适的岗位上，为员工晋升设置了多重晋升通道，主要是向管理职能和业务技能两个方向晋升，这也是腾讯激励体系中的重要组成部分。对于腾讯员工的职业晋升双通道，我们会在后面详细论述，在这里不再赘述。

腾讯链接：马化腾解读《腾讯阳光行为准则》

《腾讯阳光行为准则》（以下简称《准则》）主要是为了更好地指导员工的言行规范，确保员工“知言行”的高度统一，从而贯彻落实腾讯企业文化。《准则》里明确了“腾讯高压线”，并表示员工个人行为一旦触及此“高压线”，一律开除。

可以说，遵守《准则》，远离“高压线”是腾讯对每个员工的基本要求，也是腾讯人的一门必修课程。这些“高压线”主要包括：泄露公司商业机密或泄露、打探薪资等保密敏感信息的行为，涉及信息、数据、费用的弄虚作假行为，与公司存在利益冲突或关联交易的行为，从事与公司有商业竞争的行为，收受贿赂或回扣的行为，其他违法乱纪行为。

2013年夏，为了激励广大员工遵守《准则》，马化腾对其做了以下解读：

各位同事：

大家应该都已经看到了公司今天发布的《腾讯阳光行为准则》。看到“准则”这两个字，有些人可能有点紧张，好像又要多一个紧箍咒；有些人可能会有点麻木，觉得这些都是老生常谈。

其实，我想，我们首先看到的不应该是“准则”这两个字，而是“阳光”这两个字。阳光可以驱除阴暗，但是，它的首要作用还是提供能量，帮助粮食作物生长。

互联网行业未来十年的粮食在哪里？腾讯未来十年的粮食在哪里？腾讯现在的强项在社交、即时通信、互娱和全媒体领域，但在未来这一两年，我们能不能打赢移动互联网这场战争，能不能在电商和搜索等领域规模突围？我们能不能在优势领域继续保持稳健快速发展，能不能在海外市场和新技术领域找到更大的新大陆？这些挑战是我们的梦想所在。

为了这些新的梦想，我们要精耕细作，也要勇于拓荒，打造精品，为用户创造更大的价值，才能收获更多的粮食。

怎么才能做到这些？只靠总办的十几个人当然是不够的，这要靠全公司两万多名员工，还有我们所有的合作伙伴共同努力。特别需要摒弃负能量，增加正能量，阳光行动就是要自上而下共同营造腾讯的正能量和正气，让我们拥有更多阳光，才更利于培育更加繁盛健康的粮食作物。

坚守正直的底线，远离高压线，首先要求总办领导做好，其次要求管理干部做好，最后才是员工。因为上行下效，管理干部处于至关重要的枢纽位置：你们是公司和员工之间的枢纽，要双向沟通，更要发现和培养人才；你们是公司和合作伙伴之间的枢纽，要合纵连横，也要恪守法制；你们也是我们的产品和用户之间的枢纽，要亲力亲为，更要勇于突破。

所以，公司对管理干部提出更高的要求，以激情、好学、开放的态度和行动，培养人才，创造用户价值。而其中最重要的是拥有正直的内心，这是能照耀整个团队，发现和培养更多人才的充满阳光之心。

如果公司都在这种阳光的氛围下，用得着担心贪腐和阴暗面吗？所以，准则只是底线，是结果，阳光透明是根本，是原因。我们不需要新的紧箍咒，不需要新的束缚，恰恰相反，阳光普照的氛围，会让所有人丢掉不必要的负担，轻装上阵，个人和公司充满正能量的同时，用户也必然能感受到，这种价值“金不换”。

期待每个腾讯人都自觉遵守《腾讯阳光行为准则》，与腾讯一起在阳光下健康茁壮成长！

延伸阅读：刘强东谈京东用人法则

每个成功的企业，都会在用人方面有独特的理念和方法。在我国电商领域，京东颇有传奇色彩。1998年6月，刘强东拿着1.2万元积蓄在北京中关村创立京东公司，刚开始在中关村租了一个柜台售卖刻录机和光碟，柜台名叫“京东多媒体”，这便是“京东商城”的前身。发展到2001年，京东商城已成为当时中国最大的光磁产品代理商，并在全国各地开设了十多家分公司，从这时起，刘强东把京东商城定位为传统渠道商，打算复制国美、苏宁的商业模式，经营IT连锁店。

就在刘强东兴致勃勃地准备扩展实体店面的时候，2003年“非典”来袭，传统渠道的生意大受影响。再加上考虑到员工的安全，刘强东就暂时关闭了所有门店。面对巨额亏损，刘强东想方设法寻找销售渠道，并开始尝试线上销售，刘强东在很多论坛里发“广告帖”，由于京东做生意一向讲究诚信，一位论坛创办人在帖子里表示认可京东公司，这个口碑认可使得刘强东一天就成交了六笔生意。“非典”结束后，京东线上和线下开始同步运营。2004年1月，京东多媒体网站正式上线。

2004年底，刘强东决定关闭所有线下门店，转型为一家专业的电子商务公司，这个决定令京东抓住了电子商务蓬勃发展的时代机会。2007年，京东获得第一笔融资，由此进入发展的快车道。同年，刘强东做出两大战略型决策：一是从只做3C产品（Computer，Communication，Consumer Electronics，指计算机、通信和消费类电子产品）转为向全品类扩张，做一站式购物平台；二是决定自建仓配一体的物流体系。这是京东公司真正蜕变的开始。

2014年，腾讯和京东签署战略合作协议，腾讯认购京东15%的股份，同时，腾讯把旗下的电商、物流等业务，包括腾讯拍拍、QQ网购、易迅物流等业务并入京东，腾讯还在多个社交平台（如QQ、微信）为京东提供了网购入口。

实际上，刘强东不仅在企业经营管理上高瞻远瞩，在用人上也是独具慧眼。我们在这里简述刘强东总结的五个用人原则。

1. 二十四小时原则

凡是京东管理层的干部，无论是谁，只要接到了下属的请示汇报，二十四小时之内就要给出一个明确的回复，也可以明确地授权下级来做，这可以视为一种回复，但是绝不能不回复，或者给个含糊的回复，或者推诿扯皮。

2. 备份原则

刘强东要求，如果你是副总监以上的职位，你在同一个职位干了两年时，必须找一个继任者，这个继任者就相当于备份，同时，这个继任者的人品、业务能力等核心指标方面还必须是公司认可的。如果你在一个管理职位干了两年，还没找到公司认可的备份，公司就会请你离开管理岗位。身为管理干部，除了带领下属完成团队目标，还有一个重要使命就是为公司培养人才，这也是管理者应该具备的重要素质和能力。

3. 拖一带二原则

有时，一个“空降兵”管理干部到来，考虑到原单位的下属不用磨合，沟通交流成本低，可以快速上手，会把原单位的下属也带过来。对此，京东规定，一个管理干部最多可以带两个下属，从而避免公司内部形成派系。

4. 不能随便说“No”的原则

在京东，有两种情况不能说“No”：一是要求每个管理人员列一个表，把和自己需要配合的其他部门都列出来，如果需要配合的部门没有足够的事实或数据证明对方的需求是不正确的，那么就必须配合，不能拒绝；二是如果有一个部门提出希望几个部门配合自己做一件事，而且这件事做好后，用户体验会更好，那么任何人、任何部门都不能拒绝。

5. A—B—C原则

京东的人员管理实行两级管理机制，无论是新聘任一位员工，还是提拔一位员工，或是开除辞退，都要由这个员工的直接上级和该直接上级的上级共同决定。如果员工的这两级上级做出任免、晋升的决策，人力资源部门将不能拒绝。但是，如果人力资源部门发现不符合公司人事制度，人力资源部门有权不同意，并给出处理意见。这个原则的核心，一是为了照顾业务部门的用人实际，二是避免管理者一个人说了算，三是促进人力资源部门和用人部门的有机协调。

第七章

高级人才管理

高级人才对于企业的重要性毋庸讳言。可以说，企业发展的方向、业务范围，以及发展速度都和高级人才有紧密关系，尤其是初创型的中小企业，更需要这类人才以迅速提升竞争力。

长期以来，为了拥有最优秀的人才，腾讯坚持在全球范围内扫描学术界、工业界的顶尖人才，并与他们建立有效联结，通过交流分享、合作研究来借力全球智慧。据腾讯公司高级副总裁奚丹先生介绍，腾讯每年从全球范围引进近2000名最顶尖的毕业生入职，筛选标准极为严格，录用率仅3%。

腾讯不仅重视从外部引进高级人才，还重视从企业内部选拔。早在2012年，腾讯就推出了“活水计划”，即所有在当前岗位工作满一年且绩效达标的员工，都可以应聘公司内任意团队里的职位。“活水计划”已帮助数千名内部员工成功转岗。举例来说，腾讯微信团队引进人才的60%都来自内部“活水”，加速了微信的敏捷创新和高速成长。

腾讯的干部培养

在企业人力资源管理中，对高级人才的培养和管理堪称重中之重。对此，腾讯也不例外。比如，腾讯首席执行官马化腾还兼任腾讯人力资源管理执行委员会负责人，相当于腾讯人力资源领域的最高负责人，可见腾讯对人力资源管理的高度重视。

腾讯在高级人才培养方面，进行了一系列努力，我们接下来列举几项。

1．企业由上至下地重视高级人才培养

腾讯自上而下，都非常重视对高级人才的培养。实际上，从2005年起，腾讯就开始有意识地寻找职业经理人充实到干部队伍中。马化腾认为，高层职业经理人可以解决公司在管理上的专业性问题，公司的“老人”（即老员工）虽然没有职业经理人的优点，但在把握用户需求等技术层面做得很好，因此从外部引进的职业经理人完全可以和“老人”成双结对地配合，实现优势互补。

同时，腾讯还下大力气对高级人才进行培养。为此，腾讯提出“辅导

年”的概念，也就是说，要求各层级的领导运用人力资源团队开发的标准化工具和流程，针对下属的业绩和发展提供教练服务。“辅导年”活动先从马化腾等最高层领导开始，在总办的核心团队中推行。由于效果良好，逐渐从高层、中层往下普及开来。人力资源部为此设计了高层论坛，并定制了辅导课，在内部网站上开设了辅导专区。

举例来说，马化腾在辅导下属方面，充分发挥了他的“最高产品经理”作用，与下属在产品方面进行了极有价值的交流。比如，正是由于马化腾的积极参与，QQ邮箱才从早期的笨重复杂一路演变成今天备受赞誉的简洁清晰版本；在微信的开发过程中，马化腾也提供了很多有益的建议和灵感，包括微信的摇一摇功能，以及要把产品做到最极致的简化，追求细节的完美，等等，这正如腾讯副总裁、广州研发部总经理张小龙所说：“他（马化腾）会花很多心思在上面，有任何意见都会提出来。”

可以说，腾讯对高级人才以及下属的培养，不仅为公司储备了管理与领导人才，还弘扬了腾讯的企业文化，即领导者应该对员工的发展负责，要努力为团队培养与发展人才。

2. 尊重个体的差异

腾讯有很多高级人才来自硅谷或者其他国家，他们刚开始普遍对中国还不够了解。为满足他们的需求，尤其是刚进入腾讯时在工作和生活上的适应，人力资源部往往要做非常多的细节跟进和沟通，如为他们安排资深管理者作为导师，提供与高层深入交流的机会，陪同他们了解深圳的环境、学校和医疗条件等。可以说，腾讯HR把员工视为用户的理念同样适用于高级人才，从而不断满足他们的需求，优化其用户体验。

3. 对高级人才的综合评估

腾讯在对高级人才的能力评估方面，执行使用最简单有效工具的思路，雷达图就是一个被经常使用的工具。雷达图（Radar Chart）最早用于企业界的财务分析，由于其外形酷似一个蜘蛛网，所以又被形象地称为蜘蛛网图（Spider Chart）。雷达图如图7-1所示：

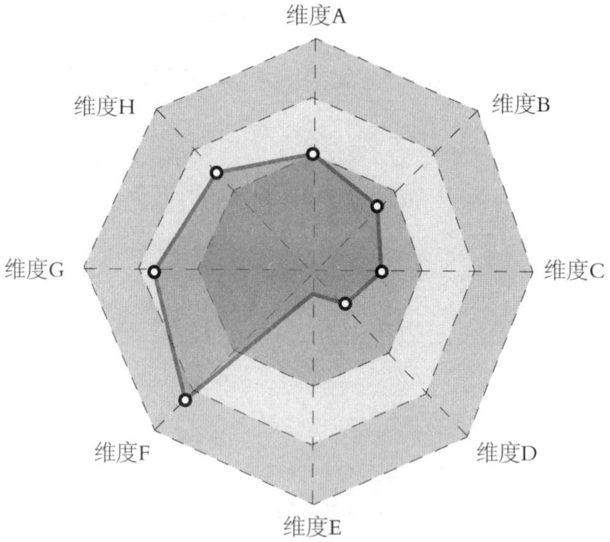

图7-1　雷达图示意图

在图7-1中，雷达图可以支持多维度综合分析。在人力资源评估中，员工的能力体系通常会有多个指标，因此，人力资源领域也常用雷达图作为评估员工综合能力的工具。在腾讯，对高级人才综合能力的全面评估，仅一张雷达图即可简洁直观地呈现。

比如，腾讯对高级人才的评估，在横向有4个维度，分别是管理自己、管理工作、管理团队，以及管理战略与变革；在纵向有7个维度，分别是正直诚信、激情、团队管理与人才培养、全局观、前瞻变革、专业决策，以及关注用户体验。

在腾讯每年一度的360度能力评估中，被考核人的上级、平级、下级以及跨部门的合作者都会被邀请参与评估，通过以上维度对被考核人进行全方位的评估，最终将横向4个维度、纵向7个维度的评估结果连接起来形成作为考评结果的雷达图。

总的来说，腾讯通过雷达图可以对高级人才的能力进行多维度的评估，也便于企业了解其综合能力的动态趋势，被评估人也能够清晰地了解自己综合能力的变动情况以及变化趋势，从而有助于其掌握自身努力的方向。

外部高级人才的引入

在企业高速发展的同时，企业对人才的需求也会随之攀升，尤其是对高级人才的需求更为迫切。这是因为普通的劳动力经过短期培养就可以满足大部分岗位的要求，但对于技术含量高或者是对经验和综合能力要求高的岗位就难以通过短期培养来获取匹配的人才，因为这些高级人才的培养期一般要延续8～10年，甚至更长的时间。在企业的高速发展期，显然来不及花这么长时间去培养员工，因此，企业从外部引进高级人才就变得很有必要。

对此，正如马化腾在2007年中国互联网大会上所说："我们还是积极从外部引入在不同行业的专业化人才。腾讯过去从一家技术型的公司演变成一家综合性的互联网服务商，我们还缺少很多条腿。包括像网络方面、品牌方面、网络广告方面、电子商务方面、搜索方面，我们都需要引入外界更多的志同道合的专业人才，这也是我未来更多关注的，需要花更多时间的关注点。"

举例来说，马化腾是腾讯的"一号人物"，腾讯的"二号人物"、执行董事刘炽平则负责部署公司战略以及公司的日常运营，还负责回答公司财报电话会议中投资人和分析师提出的问题。

刘炽平就是腾讯从外部引进的一位高级人才。马化腾评价他：“刘炽平是一个伟大的商业分析师，他知道要打什么仗。”

刘炽平第一次与腾讯接触，是在2003年。当时，腾讯成立五年，刘炽平在高盛集团亚洲投资银行部当高管。腾讯那时大约有一千名员工，也因QQ而小有名气。腾讯这一时期主要通过在QQ上卖广告和增值服务来获得收益，也在慢慢接入游戏服务。

2004年，在腾讯上市前，由刘炽平领导的高盛团队负责腾讯的首次公开募股工作。其间，刘炽平给腾讯的高管团队留下了深刻的印象。腾讯的五位创业元老主要拥有计算机科学背景，他们还缺少国际经验，也需要有人来帮助他们搭建可持续的公司业务战略。这时，腾讯向刘炽平抛出“橄榄枝”，希望他能够加盟腾讯，刘炽平表示需要考虑一下。

刘炽平在学生时期读书非常刻苦，25岁时已经拥有美国密歇根大学电子工程学士学位，斯坦福大学和西北大学两个硕士学位，堪称“学霸”。1998年，时年25岁的刘炽平毕业后曾任国际著名咨询公司麦肯锡的管理顾问，后又成为高盛亚洲投资银行部电信、媒体与科技行业组的首席运营官。刘炽平在高盛期间，对企业的管理、经营、执行几乎都有了全面深入的了解。他认为，好企业20%是因为策略上的成功，80%的因素在于企业的执行能力。于是，他逐渐萌生了从咨询、投资界转向企业界的想法。

2004年底，腾讯已经上市半年，马化腾和其他联合创始人再次邀请刘炽平加入腾讯，“大家一起闯一番事业”。这次，刘炽平接受了在腾讯的新工作。起初，马化腾给刘炽平的职位是首席战略官，并且让他负责投资人关系以及收购兼并。

刘炽平将美国公司的管理标准带到了腾讯，比如设置营收目标，制订进入社交媒体和数字媒体等新业务的五年发展计划。2006年，马化腾任命刘炽平为公司总裁，并负责公司的日常运营。

2011年，腾讯与奇虎360之间惹来无数谩骂的“3Q大战”落幕不久，腾讯还顶着“全民公敌”和“凶残抄袭者”的骂名，公司的高管层进行了10场闭门会议进行反思，讨论如何改变公众对腾讯的形象认知。会上，刘炽平提出，腾讯确实需要做一些革新，并促使腾讯进入大跃进的投资时代，比如，仅在2011年这一年里，腾讯就进行了40多次对外收购，而腾讯在此前11年内的并购交易也才30多项。刘炽平还陆续为腾讯制定与实施了包括总体战略、O2O（线上线下）战略、电商战略、互联网金融战略、海外战略等一系列战略，推动了腾讯的健康、快速发展。

另外，在2010年年底的一个深夜，公司被腾讯收购，又被腾讯引入的高级技术人才张小龙，向马化腾发信息询问是否要开发适用于智能手机的社交网络，马化腾答应了。接着，张小龙和他团队里的10个同事，一起研发出了微信，在2011年正式上线。2012年，微信用户就达到了1亿；一年后，用户数字又增长了3倍。微信让腾讯在移动互联网时代彻底站稳了脚跟。

总的来说，腾讯在发展过程中，从外部引进了大量的高级人才，这些高级人才陆续融入腾讯的团队，与腾讯携手前进，共同演绎了互联网时代的传奇。

领导班子双打战略

腾讯在近二十年的发展历程中制定了公司的三大战略，即聚焦战略、泛娱乐战略和双打战略。

其中，聚焦战略是指在庞杂的业务体系中识别出自己的核心能力，把工作重心聚焦在核心能力的建设和持续优化基础服务能力方面，围绕用户的需求，提供统一的、易用的、整合式的一站式服务。举例来说，腾讯的微信不仅提供了社交服务功能，还围绕用户的一系列需求提供了信用卡还款、手机充值、生活缴费、城市服务、保险服务，以及网上购物等功能，堪称用户的“一站式生活平台”。

泛娱乐战略是指基于明星产品的内容跨界，实现多领域共生，打造出围绕明星产品的粉丝经济。比如，微信堪称腾讯的明星级产品，腾讯围绕微信推出了微信支付等服务。

双打战略是在腾讯飞速发展的背景下提出的公司管理制度，即在重要的管理岗位上设置两个人，“成双结对”地搭建起互补的核心领导班子，从而保障公司决策层的稳定，以及公司的健康发展。我们在前面介绍的马化腾和刘炽平就是双打战略的典型。

我们在这里重点介绍双打战略。

在一般情况下，在公司快速发展过程中，即便创业团队的学习能力再强，也难免存在短板，难以满足公司发展的需要。对此，马化腾说："第一，有的能力你自己做不到，你就要让别人去做。第二，能力有所弥补。职业经理人缺乏创业者某些特质的时候，还可以发挥你的影响力和经验两者互相弥补，这样从单打变双打，很多岗位上都是如此。"

其实，腾讯的五位创始人各有特点，早期便加入腾讯的一位公司高管评价道："马化腾非常聪明，但又很固执，注重用户体验，非常愿意从普通的用户角度去看产品。张志东是脑袋非常活跃，对技术很沉迷的一个人。马化腾技术上也非常好，但是他的长处是能够把很多事情简单化，而张志东更多是把一件事情做得完美化。曾李青是一个做市场很有霸气的人，我们经常开玩笑说他是创业团队里最纯粹的商人。许晨晔是一个非常随和又有自己观点，但不轻易表达的人，人很随和，是有名的'好好先生'。陈一丹是律师出身，非常严谨，同时又是一个非常张扬的人，他能在不同的时刻激起大家激情的状态。"

实际上，以马化腾为首的腾讯创始人团队堪称中国互联网界最牢固的团队之一，自1998年腾讯公司创立，一直到2004年公司上市，其间没有任何一个团队成员离开。一个重要原因是，五个创始人中，有四个是高中同学，大学又是在一起读书，另一个创始人曾李青在1999年加入腾讯，与马化腾也是相交甚好的朋友，五位创始人之间的信任和默契不是一般的创业团队所能比的。

2002年，已在深圳另一家著名企业中兴通讯从事人力资源管理六年之久的奚丹肯加入腾讯，就是看中了结合极为紧密的腾讯创始人团队。腾讯创业团队是一个集体领导的管理团队，有时大家难免为不同的想法发生争执，这时，马化腾会起到重要的协调作用。对此，奚丹说："他（马化腾）是团队中间最具协调能力的人，他往往能从大家的争论中发现价值所在。"

应该说，马化腾实施双打战略的想法很早就萌生了，早在2002年11月，马化腾在第三届"西湖论剑"上就表示："你希望五年以后可以很轻松等分红，而且数额也比较大，要求三个月内就可以找到一个能顶替你的人，一个公司离不开你，你一定要找一个能接你班的人，能在未来五年，有职业经理人来接你的班。"

2005年，马化腾和另外四个创始人约定，一定要为各自找一个"双打"伙伴，既可以与自身能力形成互补，又可以作为自己的接班人来培养。当然，这种"接班人"并非"你上我下"式的换位，而是新的职业经理人与创始人同时出现在管理岗位上。马化腾解释道："我们在2005年就开始找职业经理人跟我们'双打'。因为个人再努力，很多的专业管理知识还是跟不上。对用户需求的把握、技术层面我们都可以做好，但管理上不可能做得完美。我们每个人都在找接班人，都在进行双打的配合，包括我本人，都是双打的匹配。毕竟公司的'老人'身上有职业经理人没有的优点，放弃是很浪费的。"

工资真正“上不封顶”

腾讯发布的2015年年报透露出腾讯集团内董事及高级管理人员的薪酬水平，其中薪酬最高的一位高管，上一年薪酬在2.55亿港元到3.15亿港元之间。另据财报显示，马化腾的年薪为3282.8万元，只是张小龙的九分之一，腾讯高管的薪酬堪称“上不封顶”。这些高管的薪酬，都是由腾讯内部一个叫作“薪酬委员会”的机构决定的，该机构主要负责厘定高级管理团队各成员的薪酬待遇。

在一般情况下，企业一把手应该是企业里工资最高的人，员工们根据职位依次递减，这是一种典型的“官本位”分配制。可以说，腾讯一把手马化腾颠覆了这个规律，这彰显出了他的大格局。

俗话说得好，“上行下效”。马化腾肯“下血本”给高管发工资，那么高管又会怎么给员工发工资呢？实际上，马化腾和他的团队在给有突出贡献的员工发薪酬时从不吝啬。这也是腾讯的员工忠诚度高、流失率极低的重要原因。

可以说，腾讯的员工只需要做好一件事，那就是把本职工作做好，薪资待遇根本不用刻意争取，而是水到渠成的事情。这体现出腾讯对待员工付出的认可与公正。企业董事长如此慷慨，难怪腾讯员工一个个铆足了劲为公司的发展而卖力，毕竟“士为知己者死”。

实际上，对于一个企业家而言，金钱只是帮助其实现梦想的工具。马化腾的梦想就是让腾讯成为一家受人尊敬的公司，通过互联网服务提升人们的生活品质，而金钱不过是帮助他实现这一梦想的工具。

我们再看现实中一些失败的案例。有些公司发展到一定阶段就会停滞不前，随后走下坡路，一个重要原因是企业当家人、一把手对待金钱的认知没有升级，他们还和创业初期一样，仅仅将赚钱当成目的，而没有及时地将金钱视为实现伟大梦想的工具。有很多老板总想花最少的钱请到最好的员工，或者花最少的钱获得员工超值的劳动，从而在员工身上占到便宜，其实事与愿违，真正有智慧的老板一定要让员工感觉占了公司便宜，从而让员工自发、自觉、自动地投入企业发展的滚滚潮流中。

可以说，不会用钱去留住员工，不会用钱去买智慧、买管理思想的企业家注定无法做成一家伟大的公司。从这个角度上来看，腾讯的成功，与马化腾的大格局不无关系。正是众多高管与员工在腾讯各显神通，才推动了公司的快速发展。

马化腾不仅舍得“给钱”，对管理层团队的成员也很包容。举例来说，作为“微信之父”的张小龙，曾有人说没有张小龙就没有微信，而实际上，如果没有马化腾的包容和大力支持，恐怕张小龙后来研发微信的经历会重写。

腾讯总部每周都要召开例会，张小龙作为广州研发部的负责人，理应参加例会，再者，广州和深圳开车不过两个小时左右，但是张小龙总以早上起不来为借口不去参加会议。这在腾讯是不允许的。为了照顾张小龙，马化腾就让自己的秘书一大早叫醒他，然而，张小龙虽然起来了，却还是不参加会议，理由是路上太堵，怕赶不上。然而，张小龙想不到马化腾这么有耐心，后来每周开例会时，马化腾派的专车都会准时到楼下来接他。这下，张小龙再也没有任何借口不参加会议了。

俗话说，“一屋不扫何以扫天下”。按照这个逻辑来分析，张小龙连准时参加会议都做不到，又如何能够成就大事，尤其是主导开发、推广与运营一款“巨无霸”级的产品？其实，马化腾深知，天才在某个方面会很弱，虽然不能扫一屋，但却可以扫天下。这是马化腾独特的用人哲学，而用人智慧恰恰是一个企业“一把手”的核心能力。

总的来说，以马化腾为首的腾讯领导层，对高级人才的关怀可谓无微不至，对高级人才的重视可谓无以复加。高级人才在企业中通常起着引擎与导向的作用，对企业发展起着重要作用，而腾讯的成功在某种程度上也佐证了腾讯用人智慧的成功。

腾讯链接：腾讯“飞龙计划”

腾讯在业务高速发展时期，在各个业务领域都需要一批后备领军人才，可以说，后备领军人才的能力准备度，决定着公司的未来发展。为此，腾讯COE下的腾讯学院制订了一系列培养后备人才的计划，其中，针对中层干部后备培养的计划叫“飞龙计划”。

该计划从视野开拓（组织他们走出去，跟行业内最优秀的企业交流），到岗位实践（将公司在战略、产品和管理方面最需要解决的课题交给他们），并为他们配备优秀导师，每个项目的完成情况会安排他们定期汇报，总裁参与听取。接下来，我们详细了解一下“飞龙计划”。

“飞龙计划”由腾讯学院设计和承办，通常为期半年。在计划实施过程中，首先，最核心的环节是三次集中的模块化学习，学习以面授课程和沙龙分享为主。其次，为了保证核心环节的效果，腾讯学院运用了行动学习、评鉴中心和产品体验等业内前沿的培训与效果评估形式。考虑到腾讯公司有校园文化和书卷气息，在“飞龙计划”学习结束后，腾讯学院为学员举办了如同大学毕业典礼一样的结业典礼，深化学习成果，并建立飞龙校友关系。最后，腾讯学院飞龙项目组会对整个计划执行情况进行复盘，从而优化下一期“飞龙计划”。

截至2016年8月，“飞龙计划”已经成为腾讯的经典领导力培养项目，为腾讯公司培养出了300多名核心管理干部，公司内部70%以上的中层管理者都是飞龙同学。同时，“飞龙计划”也成为最具腾讯特色的人才培养项目。

在“飞龙计划”的培训中，首先会围绕着“帮助学员全面地认识自己，以及弥补学员在战略决策、前瞻视野和商业意识方面的短板”来设计课程。在课程中，“飞龙计划”选用了一些高科技企业的背景案例，并提供了一份非常详细的企业情况说明，将学员置于尽可能真实的模拟企业环境中。这份企业说明包含企业规模、经营理念、文化价值观、核心业务、行业地位、主要竞争对手，以及各细分业务领域的经营数据和分析等诸多详细信息。在阅读完背景资料后，学员将迎来公文筐、团队会议和下属辅导三项任务。

公文筐模拟日常管理决策的场景，要求学员在2个小时内，阅读10封邮件并解决其中的问题。邮件中所描述的场景浓缩了跨部门合作、团队与人才、供应商、商业机会等各类企业常见的经营问题。

在团队会议场景中，会有4～5名同一级别的学员，在阅读了更详细的企业经营核心数据后，要拟定出企业未来3年的战略目标，以及未来1年最重要的工作。每位学员需要表达自己的观点，然后进入团队讨论阶段，最终找到适合企业未来发展的战略目标与重点工作。

下属辅导环节侧重考察学员的下属辅导能力。在这个场景中，学员作为新上任的管理者，收到了很多关于下属的反馈和投诉，包括下属在跨团队合作、团队管理中的问题。学员需要在45分钟的沟通中帮助下属认识到自己的问题，并且找到解决目前问题的方法。

此外，飞龙计划希望让学员有更多机会接触到企业高层，从而能够对企业战略有更深刻的理解和思考。因此，在每期项目开班时，飞龙计划项目组都会安排“总办面对面”的环节，让学员与高层进行2个小时左右的坦诚沟通。

行动学习也是飞龙计划中非常关键的环节，学员以组为单位，进行为期半年的课题研究。飞龙计划的选题特别符合腾讯实际业务和管理挑战，比如互联网金融、互联网医疗、车联网等前沿领域的研究，或者是如何提升管理效能等管理难题，从而提升学员的跨界思考、前瞻分析，以及解决复杂问题的能力。

最后，每一期飞龙计划的结业典礼都是一个非常重要的环节。一方面，腾讯总办评委会对学员的研究成果进行点评，帮助学员从更高的角度，比如公司的整体战略、整个行业的发展趋势、互联网生态等角度去思考问题；另一方面，在典礼结束后，还会有项目总结环节，帮助学员深入地思考如何将所学内容更好地运用到实际工作中。

延伸阅读：雷军谈核心人才管理

雷军是小米科技的创始人，2011年8月，小米推出第一款手机，这时，中国的手机市场已经非常成熟，手机品牌也是种类繁多。然而，在这样竞争激烈的市场环境中，小米手机迅速成长为我国手机市场的一个主流品牌，而且远销海外多个国家和地区；同时，小米的产品线也迅速增加，在移动即时通信方面有米聊，在硬件产品方面有智能手机、平板电脑、笔记本电脑、小米电视及机顶盒、小米路由器，以及一系列智能硬件。如今，小米还是继苹果、三星、华为之后第四家拥有手机芯片自研能力的科技公司。

在通常情况下，一个企业的成功，不仅仅是单个创始人的成功，更是团队的成功。那么，作为小米科技的创始人，雷军对企业核心人才是如何管理的呢？我们从雷军的创业经历中大致总结出了两点。

1. 如何找到需要的核心人才

雷军认为，事业要成功，首要因素就是找到合适的人才来组建团队。无论什么样的企业，要找到优秀的人才都很困难。为了找到企业需要的核心人才，企业起码要做到两点：一是至少用70%的时间来找人，雷军在创业的最初半年里，用来找人的时间几乎占了80%以上；二是把现有的产品和业务做好，展示未来的发展空间和机会，从而筑巢引凤。雷军当时在找人时，用Excel表列了很长的名单，然后一个一个去找、去谈，很有韧劲，功夫不负有心人，雷军也如愿以偿地找到了小米公司发展所需的一系列志同道合的核心人才。

在用人方面，雷军认为，企业要用就用最好的人，尤其在核心人才方面，更是要不惜血本。比如，雷军曾发现一位非常资深和出色的硬件工程师，便给这位工程师打了90多个电话，并和几位合伙人轮流与他交流，长达12小时，最终说服这位工程师加入了小米。

雷军认为，企业要找的核心人才，应该具备这样两个特点：一个是最专业，能让老板放心地把业务交给这个人，还能做出成绩来；另一个是最合适，主要是指得有创业心态，对所做的事要极度喜欢，有共同的愿景，这样就会有很强的驱动力。比如，雷军曾发现一个理想人选，前后和这个人谈了3个月，每次平均10个小时，一共谈了十七八次，在最后一次谈话时，这个人表示对股份无所谓，这让雷军很失望，觉得这个人没有创业精神，不是自己要找的人，于是选择了放弃。

在小米公司创业初期，雷军每天都要花费一半以上的时间来招募人才，公司的前100名员工都是雷军亲自面试、沟通并决定招聘的。这些招聘进来的员工，在此后的工作中，都很有工作热情，有着很强的执行力，真真正正地推动了小米公司的快速发展。

2. 怎样才能留住核心人才

将核心人才招聘到公司后，关于如何才能留住核心人才，雷军总结了三点：打造利益共同体，将培养真正落到实处，用人要懂得包容。

雷军认为，有竞争力的报酬并不等于重金、高薪，为此，雷军亲自拟定了一套组合方案，让这些核心人才从中任选一种。这套组合方案共有三种：一是选择和跨国公司一样的薪酬；二是选择2/3的薪酬，然后拿一部分股票；三是选择1/3的薪酬，然后拿更多的股票。

实际执行的情况是，分别有10%的人选择了第一种和第三种工资形式，有80%的人选择了第二种。由于员工们持有股票，相当于每个人都给公司投了钱，因此大家可谓真正破釜沉舟地去参与创业，一起奋斗，共同成长。

雷军还认为，公司要把对员工的培养落到实处，就一定要设置专项的培训经费，只有这样，人力资源部才能把员工培训当成专门的事情来做，如果没有预算费用，那么“巧妇难为无米之炊”。所以，公司务必有专门的培训预算和专人负责。

人无完人，从公司领导的角度看，员工的能力总有不够完美的地方，这时，企业领导者一定要能够包容，并用合适的沟通方式告诉员工应该达到什么高度，还可以通过培训和学习帮助员工提升能力。

第八章

鼓励内部创新

腾讯公司董事会主席兼首席执行官马化腾曾表示，一个企业如果只靠创始人的精神支撑，那么它的寿命和可持续性是值得怀疑的。因此，腾讯一直在思考一个机构、一家企业怎么样从组织变革与内部创新上保持恒久的活力。

对于创新，腾讯主要创办人之一陈一丹也说：“互联网天生就是创新的代名词，创新与知识产权是互联网企业发展的基础。”

实际上，腾讯在创新方面有着很大的建树。举例来说，2013年，腾讯以2002件中国专利申请量位居国内企业专利拥有量第四名、全球互联网行业前三，而且腾讯申请的专利有99%是发明专利；2014年，腾讯的中国专利申请总量达8618项，距万件申请这一业界普遍认为反映企业专利综合实力的里程碑仅一步之遥；2015年，腾讯的中国专利申请量9540项，全球专利申请量17139项，在国内互联网领域居于第一，在国际互联网领域仅次于微软和谷歌。

不要小瞧“微创新”

在2010年中国互联网大会“网络草根创业与就业论坛”上，奇虎360董事长周鸿祎第一次提出了“微创新”的概念：“用户体验的创新是决定互联网应用能否受欢迎的关键因素，这种创新叫‘微创新’，微创新引领互联网新的趋势和浪潮。”

周鸿祎强调：“你的产品可以不完美，但是只要能打动用户心里最甜的那个点，把一个问题解决好，有时候就是四两拨千斤，这种单点突破就叫‘微创新’。尤其是对于小公司，创业者没有什么可抱怨的，这就是现状，唯一要抱怨的就是自己没有创新。”

在周鸿祎看来，微创新就是“从细微之处着手，通过聚焦战略，以持续的创新，最终改变市场格局，为客户创造全新价值”。周鸿祎认为，“在互联网里干，做什么都不如做一件产品改变世界来得彻底”，而要把一件产品做好，实际上，“所有颠覆性模式都是从微创新开始的”。

对于周鸿祎提出的微创新，马化腾表示赞同。马化腾认为，互联网行业的竞争多是在原有技术雏形之上，开发出更能赢得市场的新产品，从而赶超对手，在这个过程中，自然离不开大量的微创新。

其实，腾讯自创立以来，就长期进行着微创新。腾讯的理念是“一切以用户价值为依归”，企业对用户价值的认识往往不是一蹴而就的，而是一个漫长的观察过程，其间，针对用户新的需求，不断地予以改进，做出很多小的功能，把一个个产品打磨好，让用户用得舒服，从而不知不觉地得到越来越多的用户的认可。

诚然，在现实中，如果很多用户遇到一个问题，没人能解决，只要你解决了，就是一种微创新。其实，微创新本身也是一种对用户的负责，因此，微创新的开发周期要尽可能短，实现快速迭代。

要做好微创新，企业必须高度重视用户体验，站在用户的角度去试用产品，对产品中不满意的地方要不断改进，不断微创新，一直到用户满意为止。马化腾堪称腾讯名副其实的首席体验官，他几乎对腾讯内部的每一款产品都细心地试用，在某种程度上主导着腾讯产品的诞生。

比如，2005年3月，马化腾收购Foxmail团队后，接着开始改进QQ邮箱，然而，马化腾对做出来的效果并不满意，并且从用户的角度向QQ邮箱团队提了很多改进的意见。2006年底，QQ邮箱团队进一步理清研发思路，做出了一系列实用的创新，使得QQ邮箱逐渐获得了良好的口碑。如今，QQ邮箱已经发展成为我国最大的邮箱服务供应商，马化腾也认可了改进后的QQ邮箱。

据统计，QQ邮箱在2008年的400多个创新点中，有近300个是马化腾本人发现和提出的，他发现要解决这些问题很简单，就是反复使用，直到“用爽为止”。身为腾讯的“首席体验官”，马化腾倡导每个产品经理要把自己当作一个挑剔的用户，用心去解决用户“挑剔”出来的每一个问题，通过大量的微创新实现产品颠覆，给用户最好的使用体验。

再比如，2003年，腾讯模仿联众游戏平台推出QQ游戏中心。相比较而言，联众游戏平台在1998年就已推出，2000年举办中韩在线围棋赛，吸引超过1.2万名玩家参与，打破了当时的吉尼斯世界纪录。QQ游戏在刚推出时，与联众游戏相比，不过是个刚入行的菜鸟。然而，仅仅3年之后，QQ游戏的月活跃用户数量已远远超过联众，成为世界休闲竞技类游戏第一平台。QQ游戏胜出的一个重要原因，就是腾讯几乎做到极致的微创新。

这正如米聊在与微信早期竞争中落败后，雷军所总结的：微信的迭代速度之快，远远超出米聊，因此，米聊输给微信，也是情理之中。其实，腾讯的一个重量级撒手锏就是持续微创新，不懈地敏捷迭代，从量变实现质变，然后又从新的量变实现新的质变，这也是腾讯在产品上获得成功的一个重要原因。

鼓励内部有序竞争

长期以来，腾讯是鼓励内部创新与竞争的，尤其是2010年初新浪微博推出后迅速走红，受到广大互联网用户，尤其是移动互联网用户的追捧与热爱，QQ在社交平台上的霸主地位受到威胁，腾讯面临着严峻的竞争压力。马化腾对此有着清晰的认识：在移动互联网时代，如果腾讯不能开发出深受用户喜爱的产品，那么必然会被别的公司开发出来，如果是这样，对于腾讯来说无疑是一场噩梦。

因此，大概从这时开始，腾讯高度倡导内部竞争，一度走向"野蛮生长"的状态。鼓励内部竞争的后果是新产品层出不穷。当时，甚至没有一个腾讯员工能够说得清楚，腾讯到底有多少部门，有多少产品线，因为这种变化几乎时刻都在发生。当时，只要看到有新的产品，一个部门主管就可以立刻安排人去做这个产品项目。

放任过度的内部竞争造成腾讯内部的产品线混乱，再加上公司内部长期形成的自上而下的KPI考核，使得几乎各个业务部门都挖空心思在内部考核中获得"好成绩"。同时，腾讯已经坐拥七亿多的QQ基础用户，即便随便开发出一些应用产品，也不用担心没有用户，这使得腾讯多个业务部门的创新质量大打折扣。可以说，腾讯一度被业界认为“失控”。

好在这种状态只持续了一年左右，到2011年1月，微信正式推出，腾讯重新确立了在移动互联网时代的霸主地位，由微博纷争拉响的“警报”暂时解除，腾讯也开始着手整治内部的竞争。2012年4月，在马化腾与著名的互联网思想家凯文·凯利的谈话中，我们可以感受到，企业应鼓励自我革命甚至是内部竞争，同时要避免内部竞争失控带来的经营风险。

凯文·凯利认为，在工业化时代，垄断是一件非常不好的事情，垄断商通过垄断可以操纵价格，甚至影响国计民生，垄断会伤害到顾客，因而大众需要去反对；而在互联网时代，互联网垄断甚至会给用户带来更大价值，比如，目前，用户只要在手机上安装社交App，通常不会少了微信，对于用户来说，只要认准一个平台即可，还避免了选择的烦恼，所以，互联网世界存在的是一种自然垄断，一个公司或者系统一旦占据支配性地位，对用户来说其实有利。当然，互联网垄断的时间不会很长，往往是一种短暂垄断。举例来说，我们或许一度非常喜欢某个App，然而一旦发现其弊端，或者某方面不适合自己，或者有更好的替代产品，就会迅速投入新的App的怀抱，很快就会远离曾经的App。

马化腾也意识到，一个大企业一旦发展到成熟，那么就会让产品、研发等受限，从而很可能在达到一个高点后，紧接着就面临衰落，甚至难以具备把握新机会的能力。因此，一定要鼓励与引导自下而上的创新。举例来说，曾经的“手机帝国”诺基亚在辉煌时，连续十四年稳居全球手机销量第一的宝座，那时，诺基亚在现有的市场份额中有着巨大的既得利益，这使得它在面临创新时犹豫不决，毕竟创新是对原有生产体系的一种颠覆。就这样，错过了智能手机的最佳变革时机，2012年，诺基亚首次被三星超越，紧接着，诺基亚在采用新的操作系统的智能手机面前溃不成军，2014年4月，诺基亚手机业务被微软收购，曾经随处可见的诺基亚手机渐渐淡出了人们的视野。

在互联网世界的更新换代中，新一代的“王者”往往不在成熟的领域中诞生，而是很有可能在一个边缘地带诞生。比如，腾讯的微信并没有诞生在腾讯成熟的无线业务里，而是在广州研发中心诞生。当然，一旦微信成形，腾讯就以全公司力量支持微信，包括核心的QQ关系链、营销资源、微博、社交网站等都联动起来，众人拾柴火焰高，一起帮助微信做大、做强。

对此，正如马化腾所说：“微信的例子，看似是竞争的结果，实则是互联网的一种演变，如果腾讯不去做，别的企业也会去做，这是时代演变的趋势，腾讯希望能尽量跟随这个潮流去成长，同时希望腾讯在内部竞争中继续产生引领互联网时代的佼佼者。”

让创新系统化、机制化

腾讯虽然重视微创新，但这并不意味着腾讯的创新是零星进行的，其是系统性地开展的。可以说，腾讯是有一整套创新体系的，正如马化腾所说："在创新过程中，一个完善的创新体系无疑是创新成功最重要的保障。"

我们知道，科学技术是产品的基础，创新也是以科学技术为基础的，从科学技术到产品的演进通常需要一个过程，腾讯也不例外。为了加快将基础技术应用到产品上，腾讯在内部形成了一套完善的研发机构，主要包括腾讯研究员、创新中心和产品业务部门，从而保障了产品化应用。

腾讯的创新之路可以分为三个阶段。第一个阶段是1998～2004年的学习创新阶段。这个阶段的一个典型产品案例是QQ。可以说，腾讯的创新理念渗透到了早期QQ的许多产品中，比如QQ群、离线消息、魔法表情、移动QQ等。正是这些不懈的创新，让QQ拥有了庞大的用户群，并撬动了腾讯事业的起点。

第二个阶段是2004～2006年的整合创新阶段。腾讯尝试着把即时通信和互联网服务相结合，比如尝试进入电子商务领域，将即时通信与电子商务结合形成新的商业模式等。这一阶段的“QQ秀”是腾讯整合创新的一个典型成果。

腾讯从2007年起进入了第三个阶段，即战略创新阶段。在这个阶段，腾讯的目标是为全中国的用户提供一站式“互联网在线生活”。在此背景下，腾讯的产品体系门类急剧增加，腾讯庞大的创新阵容被纳入更有效的管理之中。

在腾讯的创新发展历程中，创新中心的建立是一个重要事件。其实，创新中心的建立，与腾讯决策层的一系列判断失误有关。早在2002年时，腾讯在美国设立了办事处，办事处的一项重要职能是每周向深圳总部抄送一份美国互联网的趋势汇报。然而，办事处传递回来的许多重要建议并没有被腾讯总部采纳。

2005年2月，美国的一个视频网站YouTube悄然兴起，主要提供给用户下载、观看及分享影片或短片的服务。在YouTube刚兴起时，办事处就介绍了这种模式，建议腾讯收购YouTube，然而腾讯迟迟未有行动；进入2006年，YouTube几乎每天吸引600万人浏览，在成立后的短短15个月内，就已发展成为当时浏览人数最多的网站。2006年11月，Google公司以16.5亿美元收购了YouTube，直到这时，类似YouTube产品的项目才在腾讯以QQ博客的方式启动。截至2012年，据统计，Google应该从YouTube获得24亿美元的净收入。

后来回忆起这段经历，马化腾说：“我确实没有想到YouTube会发展得那么快，看好还是比较看好的。我们有个副总裁是负责投资的，他有很多时间都在美国，会经常给我们传递一些那边的投资信息。在YouTube还很小的时候，我们这个副总裁就建议收购它，我们也确实讨论过。放弃收购它的原因主要是两个，一是实在看不出来它怎么挣钱，二是腾讯国际化的步伐没有那么快，如果收购过来了，我们就得遥控指挥，没法消化它，所以作罢。”

为了使得腾讯内部有部门专门负责创新业务，2006年7月，腾讯内部一个名为创新中心的机构诞生了，这是腾讯第一次由一个部门去负责创新业务。创新中心是由腾讯深圳研发中心分离出来的，其最高管理团队被称为管理委员会，由包括CTO（Chief Technology Officer，首席技术官）、创新中心主任等在内的几位骨干员工组成。

“腾讯创新中心”的成立标志着腾讯已经建立了一整套能够自我更新、自我发展的创新机制。在创新中心成立之前的一个月，腾讯用户研究与体验设计中心（简称CDC）也成立了，致力于使创新不断提升用户体验。创新中心的职责主要是搜集整理公司各个业务部门以及外部用户提供的创意，经过筛选后在公司内部的创新平台上提出，经由员工投票后，再由管理委员会从中选择可行的项目，最后让员工评价。项目在进入创新中心后，会由一个创意变成一个可行的产品，等到成熟可供商用后，这个项目就会整体转移到其他一线的业务平台。在创新中心成立的那一年，腾讯的研发费用就超过公司营收的10%，足见腾讯对创新研发的重视。

2007年10月，投资过亿元的腾讯研究院正式挂牌成立，这是国内第一家由互联网企业自主建立的研究院机构。至此，腾讯的创新研发体系基本形成，这为腾讯后续的一系列产品创新提供了重要的系统化保障。

腾讯链接：微信诞生记

在腾讯系列产品的发展历史上，微信可谓具有里程碑意义，因为正是有了微信，腾讯才得以在竞争更加激烈的移动互联网时代继续领跑。关于微信的重要性，正如马化腾所说："微信如果不出现在腾讯，对腾讯将是灭顶之灾，我们根本顶不住。"

说起微信，我们就会想到被称为"微信之父"的张小龙。

1994年的秋天，张小龙获得华中科技大学硕士学位，他曾在一家电信行业的国企工作，后来辞职进入互联网行业。1996年，张小龙凭一己之力开发出了邮件客户端软件Foxmail，他接着又持续对Foxmail予以技术上的改进，直至Foxmail成为深受用户欢迎的一款邮箱客户端软件。到2001年，Foxmail用户量已达到200万，而腾讯QQ当时只有10万用户。Foxmail当时被誉为唯一能与微软Outlook对抗的邮件软件。

其实早在1998年9月，刚出任金山公司总经理的雷军联系张小龙，希望购买Foxmail；张小龙随意给出15万元的报价，雷军直接同意。然而后来，雷军事务缠身，负责接洽的人并不了解Foxmail的价值，竟忽视了这件事情。

2000年，博大互联网公司开价1200万元收购了Foxmail。仅仅两年时间，Foxmail从15万元飙升到1200万元，增值了80倍。张小龙获得第一桶金。

2005年3月，已经走向没落的博大互联网公司将Foxmail团队以及张小龙"打包"转让给腾讯。于是，张小龙及其研发团队20余人也随之进入腾讯。2005年4月，腾讯广州研究院（后改称广州研发部，以下简称为"广研"）成立，张小龙担任广研总经理，主要负责QQ邮箱相关业务的研发和运营，张小龙也逐渐完成从程序员向产品经理，再到管理者的角色转换。经过三年打磨，QQ邮箱以其简洁易用、安全稳定的特点受到用户欢迎，并于2008年3月成为国内使用人数最多的邮箱产品。

2010年10月，美国一款名为Kik的App因上线15天就收获了100万用户而引起业内关注。Kik是一款基于手机通讯录实现免费短信聊天功能的应用软件。张小龙敏锐地注意到了Kik的快速崛起。于是，他产生了一个想法：移动互联网将来会有一种新的IM（Instant Messaging，即时通信，又称即时聊天软件），这种新的IM很可能会对QQ造成巨大威胁。他沉思了一两个小时后，向腾讯CEO马化腾写了封邮件，建议腾讯开发这方面的产品。马化腾很快回复了邮件，表示认同这个建议。张小龙随后向马化腾建议由广州研发部来负责这个项目的开发。

2011年1月，微信1.0版本正式推出，当时微信的功能很大程度上是纯粹的短信交互，给人感觉创意不足，用户增长也并不理想。这时，张小龙突然意识到，在微信的设计上是否过于理性，增加一些文艺或者人性的元素会不会更好？从那时开始，张小龙开始武装成一个"文艺青年"，同时，微信也开始增加一些更贴近人性的功能，比如"附近的人""朋友圈""摇一摇"等。后来，马化腾评价微信是"腾讯最具文艺范的产品"。

2011年5月10日，微信2.0版本发布，张小龙果断在微信中加入语音功能，用户增长量开始有一定的攀升。可以说，语音功能使微信成为一个有一定影响力的产品，也使微信在竞争中占据了一个相对有利的位置。

2011年8月3日，微信2.5版本发布，支持查看附近的人，该功能使用户可以查看附近微信用户的头像、昵称、签名及距离，使微信从熟人之间的沟通扩展到可以与陌生人交友，也使微信新增好友数和用户数第一次迎来爆发性增长。

2011年年中，腾讯广州研发部分设“邮箱产品中心”和“微信产品中心”，开始独立运作QQ邮箱和微信两款产品。张小龙既是广州研发部的总经理，也是微信产品团队的第一负责人。

2011年10月1日，微信发布3.0版本，支持“摇一摇”和“漂流瓶”功能。“摇一摇”可以让用户寻找到同一时刻一起在摇晃手机的人，“漂流瓶”则让陌生人之间的交流变得更加有趣。可以说，“摇一摇”让微信用户数有了迅猛增长，在2011年首届腾讯微创新奖中也榜上有名。

2011年12月20日，微信推出3.5版本，加入了二维码功能，方便用户通过扫描或在其他平台上发布二维码名片，拓展微信好友。同时，微信还推出了名为WeChat的英文版。

2012年4月19日，微信4.0版本发布，加入“朋友圈”功能，支持把照片分享到朋友圈，让微信好友看到并评论；同时，微信还开放了接口，支持从第三方应用向微信好友分享音乐、新闻、美食等。微信成为一个越来越成熟、越来越受欢迎的社交平台。

最后，微信的诞生与成功与张小龙的杰出贡献是分不开的，同时也与腾讯内部鼓励创新的氛围和机制密切相关。

延伸阅读：李彦宏谈百度创新

BAT是中国互联网业的翘楚，很多人以能够进入BAT工作而自豪。BAT指的分别是百度公司（Baidu）、阿里巴巴集团（Alibaba）、腾讯公司（Tencent）三大互联网公司。

提起百度，就离不开其创始人李彦宏。李彦宏毕业于北京大学，后来留学美国攻读研究生，毕业后在美国硅谷做搜索引擎工程师。在硅谷期间，李彦宏不仅成为美国搜索引擎领域的一流专家，还认真分析了硅谷很多互联网公司的经营发展历程，于1998年撰写并出版了《硅谷商战》，该书迅速成为国内畅销书。

1999年，李彦宏回国创业，在北京创建百度公司。2001年，李彦宏在百度董事会上力排众议，提出百度转型做独立搜索引擎网站，开展竞价排名，使得百度的发展开始走上正轨。2005年8月，百度在美国纳斯达克上市，成为全球资本市场最受关注的公司之一。如今，百度已成为全球第二大独立搜索引擎，在中文搜索引擎领域名列第一。

对于百度的巨大成就，李彦宏说：“技术创新已经成为百度的立身之本。”李彦宏在硅谷工作过若干年，硅谷重视创新的氛围深深地影响了李彦宏和他创建的百度公司。基于此，百度的文化和硅谷的文化有很多相似之处，比如，百度公司内部是一个扁平的开放的组织，从普通员工到CEO只有五个层级，员工可以享受很大的个人空间，个人意见的表达也有充分的自由。

举例来说，在百度公司，同事之间会乐于提出尖锐的问题，也乐于被质疑和挑战，从而激发出创新的热情。对此，李彦宏说：“我为中国的公司在技术创新方面所取得的成就深感自豪，我也相信他们会取得更多的创新和更大的发展。”

可以说，百度的产品和战略创新从未停止。百度强调“工程师文化”，做什么产品不是由公司高层决定，而是给机会让工程师去尝试。在百度，没有人能对一个新产品有完全的决定权，就算是CEO李彦宏也只能投一票。另外，为了鼓励小团队的创新，百度还设立了“总裁最高奖”，奖金是一百万美元，用于奖励十人以下的小团队的重要创新。早在2012年时，百度就颁发了三个总裁最高奖用来奖励三个团队的二十八名员工，他们中间也包括刚参加工作一年左右的新人。

百度的企业文化是“简单，可依赖”。“简单”的意思是上下层关系的平等，而这种平等是从百度创业之初就开始践行的；“可依赖”则强化了百度的团队凝聚力。在用人方面，百度的人才策略是，除了企业文化，百度在人才管理方面也致力于给员工更大的创新空间。百度的人才策略用一句话说是，招最好的人，给最大的空间，看最后的结果（强绩效导向文化），让优秀的人才脱颖而出。

为了更好地推动创新，李彦宏认为，领导者在团队创新方面起着重要作用。为此，李彦宏提出了五级领导力的概念，把领导力分成五个维度：

第一，业务推动能力；第二，任务分解能力，比如，向上怎么和战略对接，向下如何分解给团队去执行；第三，人才培养能力；第四，沟通和跨部门协作能力；第五，专注度和专业度。如今，五级领导力已经成为百度选拔人才的刚性标准。

在李彦宏的带领下，百度在世界多项尖端领域取得重大突破，如语音识别、OCR（Optical Character Recognition，光学字符识别）、人脸识别、图像搜索等方面达到了世界领先水平。未来，百度还计划进军人工智能中更多的领域，在创新的大道上将会越走越远。

下篇

腾讯如何育人留人

企业发展中对人才的需求通常会面临两种选择，
一种是自主培养，另一种是外部引进。
一般来说，即便从外部引进人才，为了使得员工与企业需要相匹配，
也会涉及对员工的培养。实际上，那些注重培养员工的企业往往走得更稳健、更长久。
员工在进入企业工作后，企业在留住员工的“人”的同时，
还要能够留住员工的“心”，从而让员工与企业肝胆相照、风雨同舟。
为此，企业可以通过优厚的薪酬福利、企业文化拓展活动、股权激励等与员工结成坚固的共同体。
另外，企业总会或多或少地面对员工的离职问题。
那么，如何有效管理员工的离职问题，从而让员工在离开企业后，
还能心里想着企业，甚至甘心为企业发挥余热?

作为一家创业二十年的互联网公司，腾讯在育人留人方面有着可圈可点的建树，
也记录着腾讯在为实现“成为最受尊敬的互联网企业”这个愿景所做出的不懈努力。

第九章

员工职业发展双通道

任何一个负责任的企业，不仅为员工的付出与薪水负责，还为员工的职业发展负责。为此，腾讯为员工职业发展设计了详尽的制度，建立了员工管理和专业“双通道”的职业发展体系。

对刚进入腾讯的员工，在其工作一段时间后，腾讯会根据他的志向和能力特点，为他启动两个发展通道，一个是步入基层管理者、中层管理者、高层管理者的通道，另一个是步入技术骨干、专家、权威的通道，从而帮助员工在工作中实现职业进阶。

在通常情况下，员工选择一份工作，往往会考虑三个因素：一是获得与工作贡献相匹配的薪酬，二是学习到有益的知识和技能，三是在一个事业平台上有所发展。腾讯为员工提供的“双通道”职业发展，为员工未来发展做出了保障，也在很大程度上满足了腾讯对多层次人才的需要，实现了企业与员工的和谐发展。

为员工提供事业舞台

在企业人力资源管理中，如何让员工不仅仅把工作当成“工作”，还把工作当作自己的事业，将关系到能否真正让员工和企业共同成长。在现实中，员工入职一家企业，看重的除了薪水、福利等因素，还有成长空间、事业发展平台。所以，能否让众多员工为企业的发展前景而共同努力，关键在于能否使员工都将企业视为自己的事业舞台。

美国通用电气（GE）公司前董事长兼CEO、世界著名企业管理专家杰克·韦尔奇曾说：“让每个人、每个头脑都参加到公司事务中来。”可以说，企业调动所有员工积极性的最好办法就是让企业成为每个人的事业平台。对此，腾讯内部也提倡：“让每一位腾讯人与腾讯一起成就闪亮的未来。”

正如腾讯公司高级副总裁奚丹所说，在互联网行业，很多人都喜欢创业，因为就近几年的资本市场来看，选择在互联网行业创业有较多的机会获得风险资本投资。其实，一些员工选择离开腾讯，大部分是因为要创业，或者是因为想追求更好的发展空间。

然而据统计，离开并选择创业的员工，其成功率基本不到5%。那么，如何让大家避免无谓的“牺牲”，让他们在腾讯拥有相当于创业的成就感呢？对此，腾讯积极为员工提供一个可以施展才华的舞台。

比如，腾讯在人力资源管理方面就很注重规划员工个人职业生涯，为员工提供更好的平台，从而使大家有归属感，愿意而且能够在腾讯共同成就一番事业。为此，腾讯做得更多的不是鼓励员工创业，而是鼓励员工创新。

在腾讯，只要员工有好的创意，就可以跟经理谈，如果创意具备可行性，团队就会着手去做。一旦这个创意给公司带来了收益，公司就会马上给予相应的包括物质、精神方面的奖励。从长远来看，企业的发展和成长一定是员工的努力在发挥价值，大家真心希望公司好，公司也希望大家好，从而形成一个正向循环。

举例来说，腾讯内部有一个很特别的做法，那就是“工作室创业模式”，每个工作室都有用人权、考核权、财务权、激励权以及是否追求资源权，权限跟工作室的成果和盈利状态成正比。腾讯内部的工作室就像一个个小公司，这种模式令员工每天都处于一种创业中的激情状态，每个工作室都好比员工的一个“创业平台”，从而有效解决了员工工作热情不足的问题。

腾讯内部还有一个特别的用人方法，这主要是针对那些处于职业倦怠期的老员工，通过内部人才流动，使得内部人才池变成“活水”，来给员工重新赋能。具体来说，只要员工本人发起，又有单位接收，那么其所在单位必须在三个月之内无条件放人。在微信事业群中，就有大约60%的员工是通过内部人才市场获得，有力地支撑了这个事业群的快速发展。这种做法有利于在内部盘活人才，使得人尽其才。同时，对于员工而言，可以通过内部流动，为自己找到一个新的平台。

另外，为了持续提升员工的综合能力水平，从而更好地助力员工发展，腾讯还为基层管理干部和中层管理干部提供了不同层级的培训计划。比如：针对准备提升为基层管理干部的员工，腾讯有“潜龙计划”，而针对那些准备从基层晋升到中层的干部，腾讯又有“飞龙计划”，等等。

其中，“潜龙计划”为未来一年内计划晋升的储备干部开设，参加该计划的员工需通过参加三天面授、研讨、案例分析、考试交流等学习环节，在管理干部的角色认知、对人才的选育用留的管理技能与公司制度等方面深入学习。同时，腾讯还为每位学员配备导师，安排挑战性任务，进行持续的在岗培训，从而确保这些员工日后能够胜任基层管理工作，使得员工在职业发展之路上的步伐更加坚实。

腾讯的晋升双通道

在不少企业里，员工的晋升都离不开领导的首肯。可以说，腾讯在某种程度上打破了这一惯例，因为员工的晋升不完全依靠领导，而是由一个成体系的晋升通道来引导。

总的来说，腾讯将员工发展通道分为管理通道和专业通道。在正常情况下，员工进入腾讯，从初做者发展到有经验者之后，会面临一个分水岭，比如选择管理通道，还是专业通道。腾讯不会直接或间接地强迫任何员工去选择哪一个发展通道，这完全取决于员工自己。接下来，我们详细了解一下这两类晋升通道。

1. 专业通道

专业通道又有横向和纵向之分。

（1）在横向上，按照能力、职责相近的原则，腾讯为不同能力的员工设计了不同的职业发展通道，概括起来主要是以下四大类别。

T通道——技术通道，包括研发、视觉设计、交互、运维等子通道。

P通道——产品/项目通道，包括策划、运营、项目管理等子通道。

M通道——市场通道，包括市场、战略、网站编辑、商务拓展等子通道。

S通道——专业通道（职能通道），这是最复杂的一个通道，包括公司的行政、秘书、采购、法务、财务、会计、人力资源、公关等各个子通道。

（2）在纵向上，腾讯为员工搭建职业发展阶梯，给每一个专业领域的员工都提供一条清晰的发展路径，让大家都有发展进步的机会。专业通道在纵向上可以分成6级，分别是初做者、有经验者、高级（骨干）、专家、资深专家和权威。这6个级别里，1级到4级之间，每级里又分3个子级，这3个子级分别为基础、普通、职业；在实际的执行过程中，5级（资深专家）是空缺的，6级（权威）也极少，由于5级和6级长期空缺，所以这两级暂时没有子级划分。

在专业通道晋升上，每一年有两次评估，如果评估合格就会晋升一个子级，子级别到职业以后再升就是一个大级。晋升标准主要是两部分：一是硬性指标，主要包括工作年限、在此前等级的停留年限、考核成绩、所负责业务核心程度、是否有重大贡献等；二是在专业通道面试中进行答辩的成绩。

2. 管理通道

腾讯的管理通道分为基层、中层和高层三个梯队。基层管理者包括Team Leader（团队领导）和总监，总监一般负责多个团队；中层管理者特指GM（各部门总经理）或同级别待遇者，高层管理者一般是VP（Vice President，副总裁）及以上。

员工在被任命为基层管理者之前通常已经承担管理工作，其管理能力在工作中也得到了验证才可以。在正式任命前，员工会接受较为严格的管理者培训，并参与360度考评，通过考评和HR考评后，一般会有个正式的GM答辩，完成后才被正式任命为基层管理者。

员工在被任命为基层管理者后，会面临副团队领导、正团队领导，副总监、总监、高级总监这几个等级，这期间的晋升主要依赖于所带团队的整体考评、个人考评成绩以及组织架构的需要，总监一般会同时负责多个团队的管理工作。

中层管理者的职级也会有分级，包括助理总经理、副总经理、总经理、业务线负责人（多个部门总经理），再往上会有VP助理、VP、EVP、总裁、CEO等。腾讯的管理职级看似很长，其实整个公司仍保持着一个扁平化的结构，从高层管理者到一个普通员工的决策执行往往只有三到四层的传递，即VP—GM—总监/leader—员工。这种扁平化结构有助于公司敏捷与快速反应。

在通常情况下，在管理职级晋升上，员工升基干，必须通过“潜龙培训”，基干升中干，必须通过“飞龙培训”，这也相当于一些硬性指标和必需条件。

当然，随着公司的发展，腾讯上述两个晋升通道中的具体职级划分难免会有变化，但总的来说，腾讯为员工规划的专业和管理双通道的体系是比较稳定的。

腾讯为员工提供的两个晋升通道不是非此即彼的关系，而是存在互换的关系。比如：专业3级往往对应基层管理者，专业4级往往对应中层管理者；基层管理者本身都保留着高级专业通道，并且也要通过专业度提升，积累项目经验，提升自己的专业等级；中层管理者一般也会保持着自己4级专家职级或者3.3的专业职级，只不过到中层管理者以后，专业通道的作用会逐步淡化。

消灭官僚文化

古今中外，有很多曾经优秀的企业都辉煌不再，一个重要原因就是企业发展到一定程度后，官僚主义盛行，干部脱离员工，下级阿谀奉承上级，每个人遇事不是考虑解决方案，而是考虑利害关系，从而导致企业运转僵化，久而久之陷入经营危机。

我们过去非常熟悉的企业，如诺基亚、柯达等，在发展后期几乎都出现了官僚文化的现象。据相关专家研究，“杀死”诺基亚的不是苹果公司和三星公司，而是诺基亚自身的“组织畏惧”。也就是说，当员工不能大胆讲出公司的问题，对领导层充满恐惧时，他们会报喜不报忧，危机意识衰退，官僚文化盛行，从而使公司逐渐丧失竞争力。

我们之前提到的杰克·韦尔奇于1981年担任GE公司的董事长和CEO，此时，GE已成立近90年，公司内部机构臃肿、等级森严，弥漫着官僚主义气息，公司内部组织运转效率低下，对市场反应迟钝，整个公司在市场竞争中正在走下坡路。

杰克·韦尔奇深知官僚主义和冗员的恶果，于是，他开始改革公司内部管理体制，减少管理层次和冗员，并撤换了部分高层管理人员。杰克·韦尔奇当时在GE提出一个口号："集中精力，绝对不妥协地向官僚主义开战。"

杰克·韦尔奇在GE的20年里，成功地将GE打造成一个充满朝气、富有生机的企业巨头，使拥有百年历史的GE成为真正的业界领袖级企业，他本人也被誉为"最受尊敬的CEO""全球第一CEO""美国当代最成功最伟大的企业家"。

在腾讯，随着公司规模的扩大，员工队伍的剧增，同样不可避免地面临官僚文化的侵袭。为此，腾讯做了一系列努力来反对和消灭官僚文化。比如，迄今为止，腾讯在发展中已进行过两次组织架构变革：第一次是在2005年，这次变革主要是实行"事业部制"，由事业部的EVP来负责整个业务，使得管理由原先主要靠几位高层领导协调的"人治"转向比较精细化的专业管理；第二次是在2012年，QQ业务散落在三个部门，这三个部门几乎每次开会都是在协调，没有时间谈业务，这严重影响了用户体验，于是，腾讯把原来的无线应用部门拆散，组建了7大事业群，使得公司管理更加科学化。

此外，腾讯内部又采取工作室制度，使得组织层面更加扁平化，在一定程度上让公司由"大"变"小"，有效规避了"大企业病"。同时，腾讯还致力于消除"官僚"群体，不给"官僚"生存的土壤，比如，腾讯的干部都要审视自己的管理风格，要深入一线，体恤员工，不脱离群众。马化腾就经常与一线员工共进午餐，直接与员工对话，听取他们的意见。

另外，公司还可以通过敬业度调查等间接手段，来了解员工对在公司工作的感受。比如，腾讯就时常在员工内部做相关问卷调查，了解员工对公司的看法，从而及时掌握公司动态，有效将各种不和谐的官僚主义现象消灭在萌芽状态。

腾讯还对管理者和领导者建立了多维度反馈和评价机制。对领导者的绩效考核，不仅要考核直接的业绩和数字，还要考核领导者的行为。只有这样，才能确保领导者的行为是公司提倡的、要求的，他们才会真正知行合一、身体力行。总之，公司需要建立客观公正的评价体系，来引导、纠正和规范领导者行为，使其没有动机和机会成为“官僚”，即使出现问题也能被及时发现并纠正，以免造成严重后果。

总的来说，随着公司规模的扩大，组织的膨胀，官僚主义极其容易滋生，官僚层也会随之产生。对任何企业来说，官僚文化不啻一场灾难。所以，企业需要时刻警惕官僚主义和官僚层对企业的危害和腐蚀，在公司各个层级建立沟通和反馈机制，铲除官僚主义滋生的土壤，为打造基业长青的公司构筑坚实的基础。

倡导员工自主学习

员工在职业发展中要进步，就离不开自身综合能力的提升，这又有赖于员工的自主学习。腾讯为了给员工提供一个好的学习交流平台，在2014年成立了腾讯大学，这是中国互联网行业的第一所企业大学，定位是为腾讯乃至中国互联网行业培养未来的管理人才和专业人才。腾讯大学下设四个子学院，分别是微信学院、电商学院、开平学院和互联网学院。

腾讯大学里的课程主要包括热点推荐、精品课程与合作课程三部分，员工可以从中选择适合自己或者自己喜欢的课程来学习。我们知道，互联网时代的发展节奏很快，这使得企业大学里的培训课程在更新速度上也比较快，为此，腾讯大学在开发培训课程时，引入了腾讯产品开发中的敏捷方法，讲究快速迭代升级。

可以说，腾讯所处的互联网行业是一个知识密集型的行业，没有知识力量的作用，一切都将停滞不前。对于腾讯而言，员工的研发技能、管理水平、服务质量等都不是与生俱来的，而是经过不断学习和积累得来的。

无论是技术员工要做到技术精湛，还是服务型部门的员工要做到热情周到，或是高级管理人员要做到驾驭企业向更高层次攀升，都需要通过学习来提高自己、完善自己。人的进步，外部条件是一方面，主要还在于员工的自主学习，这是促使员工进步的内因。因此，腾讯长期以来倡导员工自主学习，强化自学能力。

互联网时代的知识更新很快，这本身就要求员工在工作的同时，还要强化自学意识。员工只有通过学习，掌握更加熟练的生产技能、更加科学的管理方法，提高服务水准，才能有更大的发展空间，企业也才会有更多的经济效益。

随着时代的发展，人的知识需要不断更新，个体素质的提高、观念的转变、理念的升华，都需要通过学习来实现。腾讯的员工绝大部分是知识型员工，对于知识型员工而言，善于学习，善于抓住工作和生活中细微的东西，努力掌握本岗位的业务知识，借鉴成功经验，可以少走甚至不走弯路。实际上，一个善于学习的员工，是每个企业都需要的人才。一个人善于学习，也恰恰是极有培养价值的人才。

员工自主学习的渠道有多种，可以自我学习，也可以选择公司提供的培训课程。腾讯就为员工提供了丰富的培训课程，诸如领导力提升、专业技能提升等。一般来说，企业为员工提供培训机会，有利于增强员工对企业的归属感和责任感，企业对员工培训得越充分，对员工越具有吸引力，越能发挥人力资源的高增值性，从而为企业创造更多的效益。员工通过参加培训不仅提高了职业技能，还提高了对自身价值的认识，对工作目标也有了更好的理解。据美国权威机构监测，培训的投资回报率一般在33%左右，企业软硬件最佳投资比例是5：5，即“人本投资”和硬件投资各占50%。

培训还能促进企业与员工、管理层与员工层的双向沟通，增强企业向心力和凝聚力，进而使员工深度认同和贯彻企业文化。同时，企业竞争归根结底是人才的竞争，人才是企业的第一资源，有了一流的人才，就可以开发一流的产品，创造一流的业绩，企业才有可能在市场竞争中立于不败之地。

在通常情况下，新员工在加入腾讯时，腾讯会进行岗位培训，新员工通过岗前学习得以快速具备胜任工作的能力。腾讯为了使员工入职后长期保持学习状态和精神，为员工提供了一系列培训课程。可以说，员工培训是企业建立学习型组织的良好渠道，打造学习型组织也是腾讯发展的一个目标。学习型企业与普通企业的最大的区别是，永不满足地提高产品和服务的质量，通过不断学习和创新来提高企业效益。腾讯自成立以来，就是长期坚持这样做的，因而才有创业二十年来的一系列辉煌。

总之，企业重视员工培训，员工重视积极学习，有力地促进了腾讯打造学习型组织，为腾讯的基业长青提供了保障，也为员工的职业发展保驾护航。

腾讯链接：干部要做“创二代”

腾讯于2004年6月在香港上市后，公司发展进入快轨道，据统计，截至2018年1月，腾讯市值在全球企业市值100强中位列第5（5724.75亿美元），在全球仅次于苹果、谷歌、微软和亚马逊，在中国企业市值中排名第1。

腾讯一共有5位创始股东——马化腾、张志东、曾李青、许晨晔、陈一丹。当年，这5人一共凑了50万元，作为公司的注册资金。其中马化腾出了23.75万元，占了47.5%的股份；张志东出了10万元，占了20%的股份；曾李青出了6.25万元，占了12.5%的股份；其他两人各出5万元，各占了10%的股份。经过几次股份稀释，他们上市时所持有的比例只有当初所持的三分之一。随着公司市值的快速增长，腾讯创造了众多富翁。

腾讯早期实施全员持股计划，在2005年以前入职腾讯的员工，基本上都或多或少地持有腾讯的股票期权，持股到现在，其股票市值大多在千万元以上。可以说，腾讯的干部队伍普遍“多金”。

在一般情况下，人一有钱，难免贪图安逸的生活，奋斗精神容易衰退。对此，马化腾多次在公司呼吁，干部不要躺在“富贵温柔乡”里，不要有“富二代”的思想，要继续坚持创新、创业的精神，在互联网瞬息万变的形势下，要做“创二代”，在以往成就的基础上再创佳绩。

为此，马化腾在2013年10月的一次内部会议中，做了这样的演讲，我们从中摘选部分：

行业往移动互联网方面走，这是大趋势，我们要因势而变，我们不断从内部组织架构、从产品关注度出发，要从过去PC、手机相对分隔的状况走向统一。

比如，最近我们把手机安全和PC安全整合在一块，放在MIG。现在在安全方面，MIG是公司的重点，也为整个腾讯下一个十年移动互联网商业模式保驾护航，这非常非常重要。

不能有任何侥幸心理让你缓一缓，或者不去想，这个挑战大家要牢记在心中。所有的产品线都应该积极思考怎么样带动安全的份额，怎么样提升安全领域的专业能力和形象，这是希望大家永远要想的问题，否认永无宁日。这和人类历史上国家和地区的发展一模一样，没有什么区别，安全性始终是安居乐业、商业发展的基础。

在这样的变化情况下，我们的人怎么样才能打赢这场仗，怎么样才能走得更好？对人的要求很重要。我们提到要有激情，要好学，要开放，我不一一展开，我想说的是，从很直观的感受来说，我们很希望整个管理干部的氛围是非常饥渴的。

要解决这些问题，你真的要当成是自己家里的事情，要有很紧迫的使命感才有可能做得到。如果说十几年过去了，很多同事加入公司时间也很长了，慢慢地、慢慢地“疲”了，应该主动积极地把位置让给下一代更主动积极的团队或干部上来带领团队。

有些业务做得不是太好，回头看不是钱的问题，不是资金或资源没有给够，很关键的还是团队的精神。尤其是带团队的将帅相当重要，真的会有“将帅无能累死三军”的感觉，下面的同事会很失望，觉得公司为什么很多东西决策这么慢？为什么没有发现问题？如果继续下去半年、一年能看到改变吗？

在这种情况下，我们看到在传统行业会有资金密集型扭转的机会，但移动互联网基本不太可能，因为这个市场不是拼钱，也不是拼钱去买流量，更多是拼团队，有没有使命感，有没有紧迫感，有没有很好的办法去解决。

我希望打破过去“富二代”的概念，希望大家成为“闯二代”“创二代”，资源会给你，让大家的起跑线好，但最终赢不赢一定取决于你能不能做出精品，是不是be the best（最好的）。

希望大家能够拥抱移动互联网，移动互联网和PC互联网将是一起的，我们并不是轻视PC互联网，因为我们很多商业模式，包括团队、基础、后台很多都融为一体！也希望大家更多地拥抱开放，尤其是内部开放，很多团队在内部的合作方面其实还有很多提升的空间。因为术业有专攻，有的产品和范畴很多同事很擅长，希望大家能够积极开放胸怀，大家一起把事情做好，大家好才是真的好！

延伸阅读：海尔张瑞敏谈员工发展

我国的海尔是当今全球大型家电品牌，无论是从1985年初创时砸毁76台有缺陷的冰箱，一举树立了海尔的质量和信誉品牌，还是进入互联网时代后，积极发展“互联网+”，创造性地推出“人单合一”模式，颠覆传统企业自成体系的封闭系统，互联互通各种资源，海尔在企业界都有着深远影响。

提起海尔，就无法回避带领海尔走上发展正轨的张瑞敏。2015年9月，被称为“管理界奥斯卡奖”的“全球最具影响力的50大管理思想家”（Thinkers50）公布了全球范围内入围“最佳理念实践奖（Ideas into Practice）”的50位成员名单，张瑞敏成功入围，成为唯一入围的中国企业家。2017年11月，张瑞敏再次入围，排位从上一届的38位跃升至26位。张瑞敏是唯一一位连续两届入选榜单的中国企业家。这意味着张瑞敏作为世界级的企业管理大师，获得了世界范围内的认可。

实际上，在海尔的发展史上，海尔集团董事局主席兼CEO张瑞敏首创了许多管理工具和管理思想。比如，2014年，张瑞敏曾大胆地试验——

裁掉一万多名中间层，推动他们从管理者变为创业者，把海尔变为一个创业平台，率先探索并实现经营管理转型。后来，张瑞敏还提出了“把决策权、用人权、薪酬权交还员工”的“人单合一”模式，既促进了员工个人的综合发展，也使得海尔的运转效率得以持续提高。

关于张瑞敏的一系列管理思想，包括员工职业发展的若干理念，张瑞敏曾在2017年人大商学院的特训营上予以阐述，我们从中节选一部分：

我们这次战略的改变是把人放在第一位，打造“人单合一”的生态系统，或者说是人单合一的商业模式，这和传统的模式完全不一样。“人单合一”是什么呢？“人”就是员工，“单”就是用户的需求，把员工和用户的需求连在一起，那你创造用户价值的同时，也可以体现自身的价值。

其实，一个企业可能做得非常优秀，但是你只是一个非常精密的机器而已，所有的员工最多是企业的齿轮、螺丝钉。员工怎么会发挥他的作用呢？

我们不是要出产品，我们要出创造。每个人都有能力去从事创造，去整合全球的资源。著名的乔伊法则说的是，最聪明的人永远在企业外部，公司再大也不可能覆盖全世界最聪明的人。所以，我们现在有句话叫“世界就是我的研发部，世界就是我的人力资源部”，你的资本、人才都可以从社会上得来。

企业越大，层级越多，谁都找不到北，只能找到他的上级。我们现在把它变了，第一个是去中心化，你没有领导，用户就是你的领导；第二个是去中介化，没有什么中间管理层，你自己就是中心。前几年我们在网上受到非常多质疑，就是我们裁掉了一万多名中层管理者，这些人只有两个去向，要么创新，如果不能你就要离开。

在海尔没有什么中层管理，只保留像财务、法律、信息等职能部门，只是起一个平台作用，提供各种管理上的资源。这就颠覆了工业革命100多年以来传统企业对员工的定位，现在我们每个人都是创客，每个人都可以决定自己的命运，把自己的价值发挥到最大化。这里面我们变成了“三自”：自创业、自组织、自驱动。

我们去掉中间层之后，现在有几千个小微团队，一般要求团队人员不超过8个人。亚马逊CEO贝佐斯说得很好，参会的团队应该很小，最多8个人，2张比萨饼就能喂得过来，“1张比萨饼喂4个人，2张比萨饼喂8个人”，信息量你可以控制得来。他说的有点像古罗马军队，古罗马曾经是世界上最强的帝国，其军队作战的时候一个帐篷都不超过8个人，这样的团队会非常协同。

我认为任何企业，不管是大企业、小企业，它的驱动力就在薪酬，如果薪酬没有做好，你就不能把人驱动起来。所以，薪酬说到家就是用户核心。

传统的薪酬有两种：一种是宽带系统，现在世界上所有的大公司都在用，就是说我分了很多等级，根据员工等级和技能确定薪酬；另一种是代理激励机制，股东是委托人，给职业经理人代理人期权，职业经理人必须超额完成利润，才能把期权变现。

我们没有，我们的薪酬取决于你为用户创造的价值，超出部分可以分享。我们有个小微团队自己提出了“0030”机制：1. 零基薪——如果创造不了用户价值，你就没有津贴；2. 零费用——如果没有现金流，你出差没人借给你钱；3. 员工分享的价值不管大小，必须留下30%作为下一期风险基金。

在这之后，我们就把损益表改成了共赢增值表。损益表讲的是收入减去成本，减去费用，剩下的就是利润。而共赢增值表首先看你有没有用户资源，当你有了用户资源，你的产品可以和用户产生价值分享，然后取得收益。

举个例子，我们卖电烤箱，本来卖掉了就算了，但现在越来越多用户围着，就形成了“烤圈”，他们在讨论用这个烤箱烤出什么东西最好，然后我们根据他们的要求不断地迭代，等于是和用户共同创造价值。法国的马卡龙可能是最难烤的、最贵的甜品，我们的研发人员给你搞定，用户就很兴奋，聚得越来越多，接着卖鸡蛋的、卖面粉的也跟着进来了，最后形成一个生态收入。

就是说这个产品圈住了很多用户，用户又带来了很多经销商，经销商又带来很多广告商，最后实际产品本身的价值可能没变，但是这些用户价值提高了。传统经济有个铁律就是边际收益递减，这么多用户围进来，生态圈越来越大，就实现了边际收益递增。这是我们人单合一的理论基础，现在还在探索，很多国外的学者也非常愿意加入进来。

第十章

提供多层次的培训体系

腾讯根据员工双通道职业发展体系，从员工一进入公司开始，就为其设计了全方位的培养体系。举例来说，在新人培训方面，腾讯提供了新人岗位培训，确保新员工尽快胜任工作，融入工作团队。

腾讯通过开展多层次的培训，努力成为广大员工的成长顾问与业务团队的发展伙伴，既为公司的现在培养人才，更为公司的明天培养人才。接下来，让我们走入腾讯打造的培训体系，去领略其中的风采。

搭建好人才梯队

任何组织的持续发展和基业长青，都离不开源源不断的人才注入，否则一旦形成人才断层，势必影响组织的健康发展。

三国时期，在诸葛亮病逝五丈原后，继任的姜维在北伐魏国时，由于蜀国原先能征善战的将领大多亡故，新生代将领还未培养出来，一度出现无人可用的窘境，无奈只能让年近八十的廖化做先锋，于是留下了一句谚语——“蜀中无大将，廖化作先锋”。由此可见，搭建好组织发展所需的人才梯队是多么重要，企业也不例外。

一般而言，一个朝气蓬勃的企业不仅要通过正常经营实现盈利，还应该成为一个人才济济的地方。企业应该建设好自己的人才梯队，也就是说，在当前人才正在发挥作用时，未雨绸缪地培养这批人才的接班人，日常注重对接班人的培训和锻炼，做好人才储备，就像形成一级一级的梯子那样，一旦现有岗位的人才出现变动，后备梯队可以快速补充和顶替上去。

在通常情况下，企业要建立一支合格的人才梯队，就必须明确自己当前及未来所需人才的类型，为此要建立一个完整的人力资源体系，专门负责人才的招募、甄选、安置、培训、奖励和挽留等事项。同时，企业还要做好人才的职务轮换，确保他们在踏上岗位时有足够的经验、技巧和决断能力。为此，企业需要为广大员工提供一系列培训项目。

其实，企业搭建人才梯队，在人力资源管理上能够起到三个作用：

1. 人才无断层

当企业内的某个职位由于公司业务变动，前任晋升、退休或辞职而空缺时，不能因此而影响企业的发展。在这方面，腾讯在内部一些重要岗位上实行“双打战略”，从而确保其中一个人出现问题时，另一个人仍然在岗，避免出现重要岗位空缺的情况。

2. 工作能够顺利交接

要确保一个岗位上的前任离开后，接班人选能够快速胜任岗位工作，甚至还可以做得更好，避免接班人因业务不熟练而影响工作。为此，企业在进行人才梯队建设时，务必注重岗位实操，提高后备队伍的岗位胜任能力。

3. 形成人才磁场

企业积极创造出吸引人才的良好氛围，持续吸引优秀人才加入。对此，马化腾说：“我们一开始创业就不是孤家寡人，我们有五个创始人，比较多。中途也加入很多人才进来，大家心态也是创始人的心态，包括小龙他们都是按创业的心态来做。”另外，腾讯在初创时采取的就是“集体领导”，因而内部管理比较民主，不会出现“一言堂”，这对人才也是一种吸引。

再者，腾讯的几位创始人很早就实行“双打”，即在重要的管理岗位上设置两个人，“成双成对”地搭建起互补的核心领导班子，保证公司决策层的稳定和企业发展的稳健。后来，腾讯注重引进职业经理人和在内部培养人才，对此，也正如马化腾所说：“对腾讯来说，其实已经相当注重人才梯队交接班，不仅是高层，中层其实也是一样，我们非常关注这一点，不会说一个人完全决定某个业务的生死，我觉得我们一直很关注的就是团队建设。”

早在2007年的中国互联网大会上，马化腾接受媒体采访时就表示：“我们很注重人才梯队的培养，对腾讯的老员工我们提供更多的培养机制，建立更多的职业发展通道。但是我现在还不是很满意，对这块的要求还要更高。腾讯除了腾讯研究院之外，还有一个腾讯学院，目的就是希望能够在内部培养更多的人才。另外，我们还积极从外部引入在不同行业的专业化人才。腾讯从过去一家技术型的公司，演变成一家综合性的互联网服务商，我们还缺乏很多条腿。包括像网络方面、品牌方面、网络广告方面、电子商务方面、搜索方面，我们都需要引入外界更多的志同道合的专业人才，这也是我未来更多关注的，需要花更多时间的关注点。”

总的来说，腾讯以“注重沟通，注重结果，面向能力，面向未来”为原则，为每一位员工设计了职业发展通道和对应的完善培训体系。每一位员工都可以找到工作需要的专业知识，找到提升个人素质和领导力的培训课程，找到关心、辅导自己的主管，这有力地推进了腾讯人才梯队的建设。

成立腾讯学院

腾讯公司高级副总裁奚丹早在2002年时就加入了腾讯，最初，奚丹成立了一个培训组，作为培养员工的基地，后来随着公司员工队伍的扩增，培训组无法满足公司对人才的需求，腾讯学院就应运而生了。

2007年8月，腾讯学院正式成立，标志着腾讯员工培训工作进入新的阶段。腾讯学院以“员工成长的顾问，业务发展的伙伴，企业变革的助手”来定位自己。对于腾讯的员工，无论是刚进公司的新人，还是经验丰富的职业经理人，腾讯学院都根据他们的实际情况制订了不同的培训方向和计划。腾讯学院的讲师队伍不仅数量庞大，而且质量也很高，腾讯的高管层，包括马化腾都会参与到授课中。

腾讯学院的使命是通过提供多样的学习与发展方式，成为员工3A（Anytime，Anywhere，Anyway，即任何时间、任何地点、任何方式）学习的知识银行，公司知识管理的最佳平台。腾讯学院拥有庞大的讲师队伍，超过百门的自主研发课程和超过千门的网络课程，从而为员工培训提供了有力的支撑。对外，腾讯学院与哈佛、中欧国际工商学院、长江商学院、惠普商学院及爱立信中国学院、摩托罗拉大学等知名企业大学建立了合作关系，员工可以接触到外部顶尖的专家讲师和顾问。同时，腾讯学院还引进了全球范围内领导行业标准的培训管理与在线学习系统（腾讯内部称Q-Learning系统），目前这套系统正在影响着越来越多的腾讯人的学习习惯。

腾讯学院从架构上分为领导力发展中心、职业发展中心、培训运营中心等多个部分，为公司提供课程和培训方面的支持。对于不同层次的员工，腾讯学院开展不同的培养。举例来说，我们之前谈到的，腾讯学院针对中层后备干部的“飞龙计划”，针对基层后备干部的“潜龙计划”，以及针对高层后备干部的相关计划，等等。每到年底，腾讯公司会对全体干部进行盘点，根据情况指导腾讯学院制订改进计划。

另外，腾讯学院还推出“攀登计划”，这是针对专业技术人员晋升专家的后备培养计划，与管理通道形成双通道。腾讯还有产品领军人物培养计划，为公司培养优秀的产品经理。从初期的“小白”到“攀登计划”中的腾讯技术达人，再到提升领导力的“育龙”“潜龙”“飞龙”，腾讯学院为腾讯人提供了近300门面授通用课程和专业能力课程，而且数量还在不断更新中，培训内容涵盖职场各个阶段的能力提升。

一般来说，腾讯学院在制作和挑选课程时，会从三个方面进行战略考量：第一，选择代表公司未来业务方向的产品类型，例如，腾讯近几年比较重视手游、安全产品等，那么在设计课程时会尽可能与这些产品类型相关；第二，由于学员均为业务方面的专家，因此，课程的专业性要强，口碑和品质要好；第三，选择的课程最好在市场上有相同量级的竞品，如阿里巴巴、百度、360、网易等公司也推出过类似的课程。

腾讯学院在培训过程中非常注重培养学员的实践能力和综合视野。

我们以腾讯学院的精品培训计划“飞龙计划”为例，其在课程设计方面很有目标导向，对每个环节提升领军人才的相应胜任素质都有清晰的设计与规划，比如，帮助学员全面地认识自己，提升战略决策、前瞻视野和商业意识，提高加深学员的团队管理、变革管理能力，提升领军人才的跨界思考、解决复杂问题的能力，提高风险管理意识、危机应对技巧，等等；另外，考虑到“飞龙计划”是面向业务领域的管理者，他们面对的问题不仅仅是人力资源管理问题，还要从经营环境、竞争战略、组织文化、组织架构、市场营销等多方面进行问题分析，因此，腾讯学院还为学员设计了更贴合业务场景的素材，促进学员掌握经营管理等知识。

总的来说，腾讯学院在腾讯员工培训与职业发展中发挥着重要作用，它正在以成为互联网行业中最受尊敬的企业大学为愿景，通过开展各类课程与培训，在努力成为腾讯员工的成长顾问与业务团队的发展伙伴的同时，为腾讯的现在与未来源源不断地培养发展所需的、多层次、多元化的人才。

构建完整的培训体系

作为一家互联网公司，腾讯强调开放、自由的企业文化，在腾讯，强制员工做某些事情的现象很罕见，甚至不存在。比如，我们在前面介绍腾讯的“瑞雪行动”时，即便是针对个别员工乘坐电梯“加塞”的行为，公司也是采用便于接受的方式予以引导。在这种情况下，公司要给大家提供最适合、最受欢迎的培训，自然也要充分采纳员工的意见和建议。为了保障培训质量，腾讯构建了比较完整的培训体系。

在构建员工培训体系时，腾讯先是基于能力素质模型建立一个培训课程的表格，然后针对全体员工，每半年结合公司的绩效考核安排一次培训计划，大家根据这个培训计划去选课。腾讯的员工培训工作主要由腾讯学院承办，腾讯学院把服务对象分为员工层面、经理人层面和公司层面，根据对这三个层面的区分，腾讯的整体培训体系如表10-1所示：

腾讯在员工培训中非常注重对企业文化的宣传与贯彻。比如，腾讯除了为每位新员工配备一位导师，在辅导专业技能的同时帮助新人了解腾讯文化外，还会安排一系列丰富完整的新人培训，其中有工作经验的新人会经历一个项目——“腾讯达人”访谈。新人在入职的第一周可以自由组合，随机采访公司内的老员工，请他们讲述在腾讯的经历和故事，感受老员工对腾讯文化的切身体会。这种感性且近距离的接触，可以帮助员工从一进入公司就深入理解腾讯文化。

表10-1 腾讯培训体系表

<table>
<tr><td rowspan="5">干部培训</td><td colspan="4">后备高层干部培训</td></tr>
<tr><td colspan="4">现任中层干部培训——MINI-EMBA/SMT计划</td></tr>
<tr><td colspan="4">后备中层干部培训——飞龙计划</td></tr>
<tr><td colspan="4">现任基层干部培训——SAT/SLT计划</td></tr>
<tr><td colspan="4">后备基层干部培训——潜龙计划</td></tr>
<tr><td rowspan="5">职业培训</td><td>技术族培训</td><td>市场族培训</td><td>专业族培训</td><td>产品/项目族培训</td></tr>
<tr><td>技术3族培训</td><td>市场3族培训</td><td>专业3族培训</td><td>产品/项目3族培训</td></tr>
<tr><td>技术2族培训</td><td>市场2族培训</td><td>专业2族培训</td><td>产品/项目2族培训</td></tr>
<tr><td>技术1族培训</td><td>市场1族培训</td><td>专业1族培训</td><td>产品/项目1族培训</td></tr>
<tr><td colspan="4">通用基础类培训</td></tr>
<tr><td rowspan="2">新人培训</td><td colspan="4">新人岗位培训</td></tr>
<tr><td colspan="2">社会招募新人岗前培训</td><td colspan="2">校园招募新人岗前封闭培训</td></tr>
<tr><td colspan="5">培训管理&在线学习平台（Q-Learning）</td></tr>
</table>

在对后备干部进行培养的项目中，腾讯还专门安排了经营理念、管理理念研讨沙龙等活动，让学员与包括腾讯创始人在内的高管层互动，更深入地了解腾讯文化背后的故事，进一步加深后备干部对腾讯文化的认知。

为了丰富学习形式，除了面授学习、E-Learning课程、直播课堂外，腾讯还在努力拓展学习渠道，比如建设移动学习平台等。另外，腾讯为了有效激发员工参与的兴趣，还设置了多种丰富有趣的人才培养形式。举例来说，在对储备干部的培训中，腾讯在2006年就推出了“潜龙”“飞龙”“育龙”等系列项目，后续还推出旨在培养专业技术人员的“攀登”“飞跃”等项目。在这些培训项目中，腾讯通过评测中心、行动学习、面授课程、研讨沙龙、标杆学习、压担子等多种培养形式的混合设计，全面快速地提升学员的相关能力。

2013年，针对公司的技术干部群体，腾讯量身定制了一个领导力发展项目，结合有趣的“赶集场”式面授研讨，研发出18个管理情景案例，同时还请学员在线上进行练习和讨论。在实践中，学员们还使用了结对子、创建学习圈等丰富多彩的学习形式，寓教于乐的培训方法，充分调动了互联网从业者的参与热情，有效提高了学习效果。

腾讯推出的众多网络课程秉承着“短、平、快”的思路进行设置，力求做到碎片化网络课程，提升日常学习的有效性。比如，把培训课程进行碎片化，组编成不同的小话题，每个话题时间在五分钟以内，再加上标题，使学员更易于学习。另外，腾讯为员工安排的在线学习的内容也特别强调时效和实用。比如，在2013年，鉴于微信广受关注，腾讯学院就和微信的研发团队一起做了一个“短、平、快”的视频短片——透过微信学创新，采访张小龙及其团队，让他们漫谈微信的研发过程和心得，在Q-Learning平台上获得了很高的“收视率”。

为了激发员工的创意，腾讯在为员工安排的培训项目中，加入了激发员工跨领域思考的元素，从而为创新培育土壤。比如，在培训体系中，允许员工选报非本职业通道的课程，为员工提供跨领域学习的机会；定期举办“名家之声”讲座，邀请行业内知名专家、研究机构负责人、国内外各界名人等业内翘楚走进腾讯，包括互联网行业创业家、成功的职业经理人、行业学者、著名经济学家以及影视导演、音乐家、文学家、国家运动队教练等，演讲主题涉猎广泛，极大地开阔了广大员工的视野。

总的来说，在当前日益将员工视为企业资产的人力资源发展趋势下，企业鼓励员工学习不仅仅是员工的福利，也是员工的一项义务，因为企业的发展离不开员工队伍素质的整体提高。组织员工学习不仅仅是企业HR的事情，比如：腾讯各级主管都是下级的“教练”，是督促员工学习进步的第一责任人；企业为员工构建培训体系，为员工创造学习机会，是对企业未来发展投入的一个重要途径，是提高人力资本的投资回报率的一个重要手段。

关心员工成长

在腾讯的管理理念中，有一条明确的原则“关心员工成长”。对此，马化腾说：“员工是腾讯最宝贵的财富。一直以来，公司都希望大家能在腾讯这个大家庭中快乐工作、安居乐业。”在“关心员工成长”方面，腾讯主要进行了以下三个方面的努力。

首先，为员工提供良好的工作环境和激励机制。比如，为了便于员工上下班，截至2017年，腾讯在深圳市运营370条班车线路，覆盖全市1000多个站点，早上6点到9点、晚上6点到10点持续运营，每天接送上万人次上下班，规模相当于一个一般城市的公交系统，尽可能减少员工上下班的交通之苦。

其次，完善员工培养体系和职业发展通道，使员工与企业共同成长。腾讯为员工发展提供职业晋升双通道，以及丰富多彩的培训项目；腾讯还给予很多员工股票期权，提高了员工的主人翁意识，促进了企业与员工的和谐发展。

最后，充分尊重和信任员工，不断引导和鼓励，使员工获得成就的喜悦。腾讯内部崇尚健康、简单的人际关系，严肃活泼的工作气氛，畅快透明的沟通方式；如果员工有好的创意项目，公司经过研讨认为可以实施，会给员工将创意变为现实的机会，同时还会对员工的创意给予鼓励和奖励。

应该说，腾讯希望通过公司和员工的共同努力，将员工培养成优秀的职场人。那么，优秀的职场人一般具备什么样的特征呢？

1. 清晰的语言表达能力

语言表达能力主要分为口头语言表达能力和书面语言表达能力。所谓清晰的语言表达能力，通俗地讲，就是能够“好好地把话说清楚”。无论在哪个组织中，沟通能力都是个体综合能力的一个重要指标，高度依赖内部合作的企业尤为如此。表面上来看，说话每天都会发生，但这并不意味着每个人都能把话说好。比如，有些人说话缺乏逻辑性，内容层次不清晰，这不仅影响个人意思的正确表达，还会影响他人对说话者逻辑思考能力的判断。

举例来说，在很多公司内，员工之间的正式沟通会依赖于邮件，因此发邮件成为一种重要的语言表达方式。那么，邮件要怎么写才能清楚地表达自己的意思呢？通常要具备三点：一是有必要的背景说明，二是明确自己要传递什么样的信息，三是明确收件人要做的事情。这样的话，邮件沟通就会比较清晰而高效。

2. 具备良好的思考力

一个职场人应该训练自己保持思考的状态和惯性，尽可能多地去通过现象考察其背后的逻辑和本质。腾讯是一家以产品取胜、注重用户体验的互联网公司，更需要员工具有出色的思考力。通过强化思考力，员工可以逐渐具备大局思维，能够站在一定高度去看问题，从而找到更佳的解决方案。

3. 具备项目思维

这要求员工在工作中讲究方法，一开始就把事情做对，还要对工作中各个模块予以清晰的分工，能够有效管理自己的工作时间，有结构化思考的能力。

4. 为自己贴一张易于辨识的标签

在众多事物中，我们能够快速识别其中的某个事物，往往由于该事物具有独特的标签。同样，在一家企业中，如何让他人快速地识别出自己？这时，员工要学会为自己贴上标签，比如，“积极热情”“乐于助人”“干净整洁”“谦虚有礼”等。一般来说，一个人在决定为自己贴标签时，应先想好自己要成为什么样的人，罗列五个以内标签，同时清楚自我的优势和定位，并通过言行来塑造和固化属于自己的标签。

5. 构建人脉

现代社会分工越来越细，要想做好一件事，就离不开众人的合作。在这种情况下，有良好的人脉关系，自然对做好事情有积极作用。为此，员工要端正心态，提升自己的沟通能力，尊重与帮助他人，与他人建立良好的关系。

6. 有责任心，敢于担当

我们平时听到一个人是否靠谱，这在本质上是对一个人责任心的评价。对于任何职场人来说，责任心是发展的基础。另外，职场人还要有敢于担当的心态，这是一种敢于破局的态度，如果把握得当，也是一个破茧而出的机会，对自己的成长也会有益。

腾讯链接：腾讯Q-Learning

腾讯自创立以来，长期快速发展，员工队伍急剧增加，尽管腾讯每年都在员工培训方面投入巨大，但是要满足公司的发展需求，还是需要搭建一个理想的平台来提高员工的学习速度。为此，腾讯于2007年5月正式启动E-Learning项目，并根据公司的特色，将E-Learning的名称进行了中西合璧的个性化改变，改称Q-Learning，也可以理解为“求学”。

在Q-Learning项目设计之初，腾讯希望通过这个平台，实现在现有培训投入基础上的“放大、穿透、继承、节省”效应，为员工提供3A式学习支持，营造学习型组织。

其中，“放大”是考虑到面授培训一次投资数万，却平均只能让20～30人受益，通过转化到Q-Learning平台，可以有效放大培训的效果，让全公司所有有需求的员工获益；“穿透”意味着Q-Learning不仅可用于培训，还可以通过平台上的在线考试等功能，确保某些重要内容被员工真正阅读、了解和完成，比如公司“高压线”、行为准则，或片区项目经理的业务知识考试等；“继承”是指通过各类培训、论坛活动等内容在平台上的不断积累，以及持续的内容管理，可以形成腾讯自己的知识体系，这些内容在平台的支撑下可以灵活管理设置，帮助新员工快速找到与自己岗位相关的知识积累，以及自己能力发展通道上需要了解的课程内容等；“节省”是指Q-Learning不但可以节约培训成本，还可以节省大量的时间成本。

腾讯通过线下培训和Q-Learning在线课程的有机结合，可以先让员工在线进行基本概念和基础知识的学习，从而缩短集中线下培训的时间，节约培训老师的课酬，以及学员宝贵的工作时间。

在Q-Learning的功能定位上，腾讯采取分阶段推进的方式，予以逐步提高。比如，刚投入使用时，Q-Learning的主要功能是培训运行电子化和在线学习，主要包含六个方面：在线学习，将课程推送到学员的电脑桌面上，帮助学员实现3A式学习；培训档案，为员工建立培训档案；课程体系，将课程体系更好地展现给员工，便于员工自己安排学习计划；供学员选课，方便员工了解公司的开课计划，并根据自身情况选择合适的课程；培训流程，将培训运营流程迁移到线上，在一定程度上减少培训管理员的人力，提升培训专业度；资料中心，建设腾讯资料库，有效放大培训效果。

腾讯Q-Learning于2007年12月正式上线，它在腾讯的推广工作是从“软”和“硬”两个方面进行的。“软”的方面是充分利用公司的海报、折页、论坛、邮件、OA（Office Automation，办公自动化）等途径进行宣传，上线前夜将各种宣传途径全部用上，各种宣传手段波浪式地进行。除了宣传以外，还事先引进了员工需求度较高的课程。因此，系统推出当天，整个公司有一半以上的人都在系统里浏览。

“硬”的方面是指公司每年要做两个个人发展计划（PDI），选课是PDI的一个重要环节，2008年的PDI选课工作规定要通过Q-Learning系统进行，每个员工必须登录Q-Learning系统来选择课程。

Q-Learning的推广还受到了公司高层领导、中层主管和普通员工的积极支持，员工们的学习热情普遍很高。另外，我们知道腾讯使用双通道（管理通道和专业通道）的职业发展路线，每个员工都会选择某一个发展通道，并且知道自己在该通道里面的级别（职级）。每个发展通道里的每个职级都有相对应的素质模型，每个素质模型又有对应的课程，通道、职级、素质模型和课程形成一个体系，每个员工都会在这个体系中找到自己的位置，从而清晰了解自己的发展方向，知道自己应该提升哪些能力，知道哪些课程可以帮助自己提升这些能力，从而推动自己的职业发展。

腾讯员工可以借助Q-Learning平台规划“个人学习地图”，并参照“公司学习地图”，确定自身的发展方向和目标。其中，“个人学习地图”是指将个人的通道、职级、素质模型、课程做好匹配关系，员工只要进入系统就能清楚地知道自己该学习什么课程；“公司学习地图”是个人学习地图的升级版，员工如果想了解整个公司的通道、职级、素质模型和课程的匹配关系，可以通过“公司学习地图”进行查询。在这一过程中，Q-Learning大大优化和改善了培训管理的流程。

另外，腾讯还会在Q-Learning上搭建知识结构性管理平台、业务系统频道等内容，鼓励和激发员工自主开发课件、分享成功经验等，从而积极营造学习型组织氛围。

延伸阅读：迪士尼的员工培训

迪士尼公司全称为The Walt Disney Company，取名自其创始人华特·迪士尼。迪士尼公司创立于1926年，最初以制作动画电影而成名，如今，迪士尼公司的业务已经扩展到娱乐节目制作、主题乐园、玩具、图书、电子游戏、传媒网络等领域。下面我们了解一下迪士尼乐园是如何对员工进行培训的。

迪士尼乐园由迪士尼公司创始人华特·迪士尼创办于1955年7月，现已成为世界上极具知名度和人气的主题公园。截至2016年年底，迪士尼乐园共在全世界开设六个度假区。

对于迪士尼乐园的成功，华特·迪士尼说：“谁都可以畅想、设计和建设全世界最美好的乐园，但要让这样的梦想成为现实，其关键要素取决于‘人’。”可见，迪士尼乐园的成功与出色的人力资源管理是紧密相关的。

据统计，迪士尼乐园中的正式职工不过一成左右，剩下的九成左右是临时工，不少临时工是学生。即便假设临时工平均工作三年后辞职，那么每年也必须不间断地招聘大量临时工。对于这样流动性较高的员工队伍，怎样培训才能达到好的效果呢?

我们知道，从事餐饮业等服务业的经营者和管理层经常会称赞迪士尼的高品质服务，那么，迪士尼的员工所具备的一个典型特征是什么呢?那就是，每个员工都要理解自己的使命是什么，所谓使命，即职责。

在通常情况下，在迪士尼工作的人，需要在研修阶段仔细学习自身的使命内容，然后才会被分配到所属岗位，并扮演好自己的角色。新员工在迪士尼乐园工作的过程中，会时常被老员工问起“你的使命是什么”，通过这种方式，迪斯尼乐园让所有的工作人员都意识到自己的使命。

迪士尼员工的“使命”是为了“Give Happiness（给予幸福）”，也就是说，提供幸福感。而给予幸福感的对象，并不仅仅是游客，还包括员工在内。因此，员工的目标不仅仅是让游客拥有幸福感，还要让自己的同事们也拥有幸福感。

迪士尼乐园还重视向员工进行公司历史的培训。比如，华特·迪士尼创办迪士尼乐园的目的是什么? Mickey Mouse（米老鼠）的诞生地在哪里?华特·迪斯尼希望通过迪士尼乐园为游客提供什么?简单来讲，就是“让游客把在迪士尼乐园内的美好回忆带回家”，这便是迪士尼乐园的员工工作的使命所在。

迪士尼乐园还希望员工在工作时能够时刻思考“自己为什么要做这份工作”，对此，华特·迪士尼认为这是对员工进行一切培训的基础，比知识和技能培训重要得多。员工只有对工作有正确的观念认知，才能在更深层次自愿、自发、自动地做好工作。这便是迪士尼风格的工作方式与思考方式。

通过这样的问题，迪士尼乐园希望员工能够认识到:“既然接受了这份工作，就要在工作岗位上发挥自己的独特才能，或者思考自己能够发挥怎样的独特才能。这既是为了客人，也是为了一起工作的同事。”

从某种意义上讲，这相当于在一开始就给员工打了一针强力的“兴奋剂”。作为其结果，员工能以充满活力和热情的状态享受工作，从而爱上自己的工作岗位。技术和技能固然重要，但首先要让员工明确自身工作的意义所在，这也是迪士尼令很多企业称道的一种思维方式。

总之，迪士尼乐园对员工的培训，首先注重员工以正确的方式思考问题，在此基础上提升工作技能。比如，要让员工意识到，工作的本质是对于使命的追求，工作就是让客人愉悦，为此，要让员工思考自身能够发挥的独特才能，以及适合自身的工作方式，从而提高自身的工作热情，并且让工作成为一种快乐。

可以说，迪士尼独具风格的员工培训，对当今企业人力资源管理中的员工培训工作有着借鉴意义，正是有了迪士尼员工的倾情工作，迪士尼才得以在世界上独具魅力。

第十一章

腾讯的薪酬福利

据智联招聘联合北京大学社会调查研究中心共同发起的“中国年度最佳雇主”调查显示，腾讯荣膺“2016年度中国最佳雇主30强”榜单的第一名。这从侧面反映出，腾讯正在成为越来越多人的理想就业目标。

诚然，每一位入职腾讯的员工，不仅享有业界颇具竞争力的薪酬、优越的办公条件，还有一系列福利，如家属开放日、30天全薪病假、15天半薪事假、中医问诊、各种保险、腾讯圣诞晚会、各种节日礼包、各种协会等，几乎涵盖了员工工作和生活的各个层面。

这些福利项目被归为财富、健康、生活三大类，分别由不同的小组负责。在通常情况下，每项福利都由员工从论坛等内部渠道发起，员工是用户，HR中的员工福利团队就像互联网产品经理，听取反馈，予以改进。

腾讯的薪酬体系

截至2017年6月30日，腾讯共有40678名雇员，人均年薪近80万元。当然，据腾讯年报显示，还有多位高管年薪上亿。

腾讯内部的职位可以分为管理族（领导者、高级管理者、管理者、监督者）、市场族（产品类、销售类、客服类、销售支持类、内容类）、专业族（战略类、企管类、财务类、人力资源类、法务类、公共关系类、行政类、采购类）、技术族（软件研发类、质量管理类、设计类、技术支持类）及操作族5个职位族。其中，技术族、专业族、市场族均由低到高划分为6个等级，如表11-1所示：

表11-1　腾讯技术族/专业族/市场族各级别简称对应表

族类	初做者（Entry）	有经验者（Intermediate）	骨干（Specialist）	专家（Expert）	资深专家（Master）	权威（Fellow）
技术族	T1	T2	T3	T4	T5	T6
专业族	S1	S2	S3	S4	S5	S6
市场族	M1	M2	M3	M4	M5	M6

在表11-1中，我们以技术族为例，初做者（Entry）是指具有本专业的一些基本知识或单一领域的某些知识点，在适当指导下能够完成单项或局部的业务的人员；有经验者（Intermediate）是指具有本专业基础的和必要的知识、技能，这些知识和技能已经在工作中得到多次实践，在适当指导的情况下，能够完成多项的或复杂的业务，在例行情况下能够独立运作的人员；骨干（Specialist）是指具有本专业某一领域全面的良好的知识和技能，在某一方面是精通的，能够独立承担某一方面工作的策划和推动执行，能够独立、成功、熟练地完成本领域某一方面的工作任务，并能有效地指导他人工作的人员。从专家（T4）到权威（T6）的人数很少。

在技术级别与对应薪酬上，腾讯薪酬体系如表11-2所示：

表11-2　腾讯技术族级别及对应薪酬水平表

级别		基本定议	薪酬范围
T1应届生	1.1	低端岗位	10K+/月
	1.2	本科生	
	1.3	研究生	
T2	2.1	博士生	10K/月
	2.2	工程师	15K/月
	2.3	工程师	20K/月
T3	3.1	资深工程师	20K以上/月
	3.2	技术专家	50～70W/年
	3.3	总监专家	60～70W/年
T4专家		总监以上，基本没有	年薪大于100W，另有100W股票/期权

在表11-2中，每一级之间又分为3个子级，其中，T3.1级是任命组长/副组长的必要条件；另外，腾讯技术族员工的薪酬集中在T2.3和T3.1。腾

讯标准薪资是一年14薪，但是通常能拿到16～20薪。T3.1以上开始，另外有股票。可以说，腾讯的薪酬在互联网业界还是颇有竞争力的。

值得一提的是，腾讯是有淘汰制考核的。一般一年2次考核（6月、12月），实行末位淘汰制，必须有5%的人转组（转组也可能出现没人接收的情况）或者被开除。另外，腾讯员工要升一个小等级，必须最近两次考核得过一次A类考核结果。

除了正常薪酬，腾讯每逢周年庆也会给员工发红包，比如，2016年11月11日是腾讯成立18周年纪念日，马化腾宣布向7068名员工授予每人300股腾讯股票，人均5.2万元，总价值约15亿元；另外，腾讯还为在职员工、外包人员和服务人员，甚至是离职员工，准备了总额约3000万元的现金红包，单个红包金额在188～1888元之间不等。

总的来说，腾讯公司的薪酬分配包括以下10个层次。

（1）固定工资。根据员工的岗位为员工提供具有市场竞争力的固定工资，并在每年根据最新市场趋势、员工的薪酬水平以及绩效水平进行综合的审阅与调整。

（2）年度服务奖金。即根据员工当年在公司的服务时间，为员工提供年度服务奖金，即年底双薪（最后一个月发双倍薪资）。

（3）绩效奖金。即在年度结束后，会根据公司整体业绩和员工绩效表现提供绩效奖金，绩效奖金与员工绩效和贡献紧密联系，体现公司与员工同成长、共分享的理念。

（4）专项奖励。腾讯设立了多个奖励项目，认可每一个有杰出贡献的员工及团队，如“星级员工”“星级团队”等公司级和系统级专项奖励，主要以实物奖金及精神激励的形式奖励有突出表现和贡献的员工，向全体员工宣传“明星”们的闪光点，以树立良好的楷模。

（5）股票期权。腾讯为绩效表现持续优秀，且有志于在公司长期发展的骨干员工提供公司股票期权，旨在通过分享公司业绩增长，使员工个人利益与公司发展的长远利益紧密结合在一起。

（6）安居计划。腾讯为符合条件的员工提供首套购房首付款的免息借款，帮助员工解决后顾之忧，早日实现安居梦想。

（7）住房公积金。公司为员工缴纳住房公积金，属于职工个人所有，用于职工购买、建造、翻建、大修自住住房等支出，享有提取、贷款的优惠利率。

（8）社会与商业保险。腾讯为员工提供完善的保障计划，包括国家法定的养老保险、医疗保险、工伤保险、失业保险、生育保险及根据政府政策缴纳的住房公积金。为更好地解决员工基本生活的后顾之忧，公司为员工投保了团体商业补充医疗保险，在原有社会保险之外，员工还享有意外伤害保险、定期寿险、重大疾病、补充医疗等。另外，开放配偶和子女的商业保险自费团购平台，同时新增父母、公婆、岳父母商业保险自费团购。

（9）员工假期。腾讯不仅正常提供法定假期，还为满足相应假期条件的员工提供其他假期，如年休假、事假、病假、婚假、产假、陪产假、丧假、流产假、派驻假、未出勤假、调休假等。

（10）年度旅游。目前的组织形式为以部门为单位的集体旅游，依靠专业的旅游公司，提供多样的地点选择，让员工能尽情享受美好的旅程。

腾讯福利大盘点

腾讯从创立以来，员工福利措施日渐完善，并且有着清晰的“腾讯烙印”“腾讯风格”，在社会上有着极高的美誉度。总的来说，我们对腾讯的一系列有吸引力的福利举措做了盘点，大致如下。

1. 健康咨询室

腾讯立足员工健康管理，为员工提供日常疾病治疗、药品管理及其他健康咨询服务；腾讯还定期邀请中医院知名主任级专家走进公司，为员工提供面对面问诊服务；腾讯为员工提供一年一度的健康体检，科学检测大家身体的最新状况，预防各类疾病。

2. 身心健康热线

腾讯关心员工身心健康，特聘请15年以上资深医学专家、国家级心理咨询专家，在员工与其家人有需要的时候，提供一对一咨询和辅导，确保员工及其家人与健康安心常相伴。

3. 关爱大讲堂

腾讯邀请行业内资深专家及知名人士，为员工及其家属提供疾病防治、职场压力管理、婚恋、家庭生活等一系列身心健康精品课程。

4. 员工救助贷款及重疾就医协助

当员工遇到重大疾病或其他紧急情况需要帮助时，腾讯为其提供专项救助贷款，助员工一臂之力，同时还提供全国范围内医疗资源的指导和重疾就医协助。

5. 完善的保险体系

腾讯为员工提供寿险保障，如果发生死亡或残疾，保险公司将为员工提供36倍月薪的保险金，帮助员工及家庭渡过难关；重大疾病保险为员工提供了重大疾病的保障，当不幸罹患保险协议约定的33种重大疾病之一时，员工可以获得15万元的保险金，以减轻医疗负担；腾讯同样关心员工家属的健康，为员工家属提供商业保险自选的平台，不仅保障内容全面，而且可以灵活组合，保费也比市场上有所优惠；腾讯为员工提供了补充医疗保险，当发生医疗费用时员工可以通过保险公司获得赔付90%的门诊费用或100%的住院费用；腾讯为出差海外的员工提供海外差旅保险，保障员工的财产损失、意外伤害、医药补偿、医疗运送等。

6. 员工班车

腾讯为员工提供便捷的班车，班车根据各地地域性特点进行线路分布安排，目前员工班车服务满足超过85%的员工的上下班乘车需求。

7. 妇女节礼包

三月八日已经成为腾讯关怀女性员工的一个重要节日，每年的特色礼品以及活动都使女员工倍感亲切。

8. 节日礼包

每年中秋佳节，腾讯都会为员工、客户准备特别定制的具有腾讯特色的中秋月饼，如果员工希望为远方的亲友邮寄这份中秋礼物，公司也提供此项温馨服务；每年端午佳节，腾讯同样会为员工准备特别定制的具有腾讯特色的粽子，让员工拥有温暖的节日氛围；每年春季的缤纷水果节，腾讯为员工发放当地当季的新鲜水果，如荔枝、桃子等，同时，公司也提供为远方亲友邮寄新鲜荔枝干等温馨服务。

9. 开工利

每年春节过后，腾讯在上班第一天会给所有员工发“开工利”红包，祝愿每位员工新年新气象，在新的一年里再创佳绩。

10. 一系列假期

员工在享有法定公假、婚假、产假、流产假、哺乳假、陪产假、丧假等假期之外，腾讯为保证员工工作生活平衡，还提供了公司级带薪假期，如年休假、病假、事假、产检假等；腾讯为鼓励员工体验公益项目，作为志愿者去帮助他人，特别给予1天的带薪假期，作为腾讯公益假；腾讯为更好地关爱孕期女员工，对于符合计划生育政策的孕期女员工给予累计最高10个工作日的全薪产检假；对于因患病不能正常工作的员工给予每年最高30个工作日的全薪病假，如遇重大疾病，公司还可视实际情况适当延迟医疗期，以帮助员工更好地治疗和恢复；员工有私事必须本人亲自处理时，腾讯可根据工作安排情况酌情给予每年最高15个工作日的半薪事假等。

11. 腾讯形象店

腾讯形象店是公司周边产品的集中展示地，也是一个为员工提供高品质休闲办公服务的场所，形象店向全体员工传递“腾讯陪伴你的多彩生活”理念。

12. 入职一周年贺礼

腾讯为入职满一周年的员工提供精美的“正直、进取、合作、创新”价值观一套四张的非卖品QB卡。

13. 腾讯家属开放日

一年一度的家属开放日，腾讯会邀请员工的家属到公司参观，了解员工工作情况以及腾讯文化，让“小家”做客腾讯“大家”。

14. 腾讯茶水间

腾讯提供宽敞通透的办公空间，设计漂亮的沙发茶几，小巧实用的咖啡机，琳琅满目的饮料、茶类，为员工提供休息放松、会客洽谈、互通感情的场所。

15. 员工餐厅

腾讯邀请业内优质合作伙伴为员工提供卫生、营养的中式快餐、西式简餐、咖啡饮品、自助餐、会议茶歇等便捷的用餐服务，员工餐厅环境舒适、整洁。

16. 一系列协会

腾讯成立了一系列协会，如腾讯乒乓球协会、腾讯足球协会、腾讯羽毛球协会、腾讯篮球协会、腾讯网球协会、腾讯音乐协会、腾讯摄影协会、腾讯舞蹈协会、腾讯电影公社等。

17. 年度团队建设活动

每年一次，腾讯为员工举办团队建设活动，旨在通过这个平台促进员工成长、团队融合、部门提升、组织优化，有效地支持公司业务的发展，推动公司使命与愿景的达成。

18. 腾讯文化日

每年腾讯生日（11月11日），所有腾讯人都会穿着由同事设计的充满腾讯特色的文化衫，共同度过这一天，彰显腾讯企业文化。

腾讯除了上述福利，还有其他一系列福利措施，比如入职十周年贺礼、结婚庆贺礼包、生育庆贺礼包等。另外，随着公司发展与员工需求的演进，腾讯的福利措施也在动态调整中，最终为员工提供缤纷多彩的福利，提高员工的满意度，增强公司的凝聚力。

腾讯链接：腾讯核心竞争力密码

腾讯从2004年上市至今，市值已经突破5000亿美元（合计超过3万亿元人民币），成为亚洲首家市值超过5000亿美元的科技公司。可以说，腾讯上市以后，市值几乎一路向上，甚至一度在一年间增长了69.15%，超过了众多理财产品。

那么，在腾讯市值一路飙升的背后，究竟是什么力量在支撑着？

腾讯一直认为，最好的企业管理不是靠制度，更不是靠人治，而是靠文化，最终通过建立一个共同的认知来管理产品和影响员工。腾讯HR的核心政策是以人为本，这是公司人力资源工作的基础。人本管理激发出了腾讯的一个极其重要的核心竞争力，那就是员工的群体性努力。

我们知道，腾讯能够拥有当前这么大的经济规模，一定不是仅靠一个人或少数几个人“孤军奋战”，而是从CEO到基层员工，都高度默契地投入一场奋斗中，才使得腾讯有了现在的辉煌。因此，支撑腾讯这么多年来一路发展的正是这种群体性努力。

应该说，员工的群体性努力，以及腾讯真挚地关爱员工，是一种积极的互动。比如，我们之前介绍过，腾讯为员工提供了丰富多彩的福利，在这些福利的背后，隐含着腾讯对员工的诚挚关爱。

诚然，企业为员工提供福利，难免需要投入资金，事实上，腾讯就在员工福利上投入了巨资。然而，在员工福利方面，并非简单地肯花钱就能做好，或者说达到做福利的应有效果。

举例来说，几乎每个企业都会在中秋节给员工发月饼，在端午节给员工发粽子，花费也相差无几，而在腾讯，福利部门会提前四个月左右就开始筹备，从包装设计到符合健康美味的要求，从情感沟通到互动需求，一一考虑到位，同时，考虑到有不少员工是外地人，腾讯会将水果、粽子、月饼等福利延伸到家属，员工在内部论坛登记家庭地址，便可将节日礼品寄回老家。从这些细微的举动中，我们可以看出腾讯在公司层面的确用心在为员工提供着福利。正是因为腾讯用心做福利，才让公司福利对员工、对社会上众多人才很有吸引力。

对此，正如腾讯大福利平台的负责人所说："腾讯在高速增长，聚集了非常多的优秀人才，腾讯拥有高竞争力的薪酬体系，加上有特色的福利体系。薪酬相对容易模仿，而福利却难以简单复制。"

可以说，腾讯大福利团队把每一个福利都当作产品来做，体现出用心，而不是简单地用"薪"。如果只把福利当成面子工程，作为不可避免的开销，那很难真正激励到员工，让福利变为生产力。实际上，用心关爱才是企业给员工最好的福利。

另外，对于大多数公司而言，无论规模大小，福利通常是由老板、行政职能部门统一决定，再向员工发布消息。在腾讯，这一常规被打破，关于福利的需求，主要由员工的呼声开始，相关部门通过论坛等各种内部渠道收集意见，再制定策略并执行。

实际上，福利是员工报酬的一种补充形式，恰当的福利制度同样具有激励效果。不同的员工对福利的需求也是不同的，因此需要有弹性的福利制度。所谓弹性的福利就是允许员工自己选择，把个人需要与福利相结合。

比如，腾讯员工有权在内部论坛对福利提意见，相关部门必须一一接纳并尽力解决，每天下班前，都会在论坛上回复同事的疑问。腾讯把做福利当成做产品，以员工需求为第一出发点，自下而上地完善福利体系，不断切实改进员工的体验。

在福利方面，人、时间、金钱，构成了福利的基础条件，其中，钱只是充分条件，并非必要条件。有心的人利用足够的时间，才能把钱用到最值得的地方，才能真正发挥出福利应有的力量。

腾讯有一个“大福利平台”，它是一个虚拟组织，包括HR、行政、企业文化三个部门，以及各个业务线的相关人员，加起来有几百人，大家都是整个大福利平台的成员。虽然大福利平台是一个虚拟组织，而且是跨部门运作，但每一件事情都非常务实。

总的来说，腾讯福利体系在向广大员工传递着一种真诚和关爱，体现着腾讯开放、平等和尊重的企业文化，从而形成了极强的凝聚力，使得全体腾讯人把力量拧成一股绳，实现群体性努力，打造出了腾讯独具魅力的核心竞争力，最终推动了腾讯的持续发展。

延伸阅读：谷歌的薪酬福利

谷歌公司（Google Inc.）是一家位于美国的跨国科技企业，成立于1998年9月，被公认为全球最大的搜索引擎公司。谷歌在美国多次被评为最佳雇主，对员工和广大求职者有着很强的吸引力。

谷歌很注重员工团队建设，认为团队是生产力，确保员工有最好的想法，公司才能开发出更好的产品。一份对谷歌公司员工的随机调查显示，员工们普遍对公司信誉、同事情谊等表示满意，在员工薪酬、福利、津贴、培训、员工多样化等方面比较满意。

谷歌还为员工提供医疗服务，允许员工带薪请假，从事志愿活动；公司一日三餐有各种美食，下午还有咖啡等热饮；公司里有洗衣房、休息室、理发厅、攀岩健身房等；谷歌还鼓励员工参加培训与发展运动爱好。

在这里，我们主要探讨谷歌公司在搭建一整套薪酬福利体系方面遵循了什么样的理念。

1. 建立公平合理的奖励机制

薪酬是企业分配制度的重要调节杠杆，起着重要的导向作用，有效的薪酬体系应该对内具有公平性，对外具有竞争性。高素质、高技能、高创造性的员工应该获得更高的薪酬，人才的价值应该在分配中得到体现。

2. 薪酬要具有激励作用

薪酬与绩效挂钩是有效薪酬制度的一项基本原则。报酬不仅仅是钱的问题，更重要的是它还反映公司如何看待员工的贡献，根据绩效确定的报酬能反映员工的价值，使其感到公平和满意。另外，股权激励是把公司的股份作为给员工（尤其是企业核心与关键性人员）的奖励，也是一种较为先进的激励方式，有利于将员工与企业捆绑在一起，达到双赢的效果。

3. 公平地回报员工

多年来，谷歌坚持公平地回报员工，以奖励他们对公司的贡献。公司坚守要对杰出贡献者给予慷慨回报的理念，设立了创始人大奖计划。创始人大奖旨在对那些为公司创造了巨大价值的团队成就给予异常丰富的回报。奖励是以谷歌股票的形式颁发，奖励会随着时间推移而增值。团队成员得到的奖励按照他们的参与度和贡献水平确定，而向个人颁发的最高奖的价值有可能达到几百万美元。

4. 用丰厚的福利吸引和留住人才

福利是企业薪酬的重要组成部分，对增强企业凝聚力起到了巨大的作用。比如，谷歌的福利政策就是其对众多求职者形成巨大吸引力的一个重要原因。为了让员工保持愉快的心情，谷歌制定了高标准的福利政策，包括提供健身中心、免费美食、免费理发、医疗服务以及各种高科技清洗服务等。谷歌希望通过发放这些福利来达到几大目标，包括在竞争激烈的市场中吸引最优秀的人才，让员工在公司享用美食和处理私人事务，从而可以安心愉悦地加班，更好地实现自身的价值。

在员工福利方面，谷歌不断地予以创新，从而持续提升员工的满意度。比如，谷歌员工如果不幸去世，其配偶还能在未来10年内享受去世员工的半数薪酬，他们的未成年子女还能每月收到1000美元的生活费直至19周岁。除此之外，配偶还能获得去世员工的股权授予。这项福利给谷歌人才战略带来的无形效果是难以估量的。

另外，据调查，员工在新入职的时候往往是热情高涨的，但在6个月之后，工作热情就会急剧下降，其中的一个重要原因是，员工感到自己不被重视。为此，谷歌为员工提供优厚的福利，可以在很大程度上向员工传达出公司对其非常重视的态度。

总的来说，谷歌公司的最大优势在于对员工的重视，充分尊重员工的个性发展，用宽松自由的外部环境和合理的薪酬机制激发员工的工作积极性，提高员工的工作效率。有效的薪酬激励更多地从尊重员工的能力、愿望、个人决策和自主选择角度出发，从而能更好地创造员工个人与企业利益的“一体化”氛围。可以说，薪酬政策已经成为企业形象的重要组成部分。

第十二章

离职：人走茶不凉

在腾讯，针对离职群体，HR会进行长期的联络和维护。腾讯有很强的人才库，即便员工离职，HR通过不断跟进，也能与离职员工有效建立联系，让离开公司的员工知道腾讯还在关注着自己。实际上，腾讯一直有专门的人员管理离职的员工群体。

腾讯的离职群被生动地称为“南极圈”，离职群会根据地域分区，如华北区、华南区等，这些离职群会时常组织线下聚会，进行信息与资源整合，甚至一些创业项目也可以在“南极圈”平台上得以对接。作为离职管理的典范，腾讯会授予每一个离开腾讯的创业元老“终身荣誉顾问”职务，以肯定和表彰其对腾讯做出的贡献。

可以说，在离职问题上，HR要传达给离职者的一个信息是，并非公司团队或离职者不好，只是大家在某个节点上不再适合，于是就分头去找更适合的合作人。

员工离职的原因

在市场经济时代，员工离职另谋高就可谓司空见惯。适当的离职率对保持企业的发展活力是有益的，但是过高或者过低的离职率，以及员工离职后对原公司的态度则会影响企业的口碑与形象，故而越来越多的企业开始重视员工离职管理。

据调查显示，员工离职的主要因素有薪酬待遇（占31.0%）、个人发展空间（占19.5%）、公司发展前景（占15.2%）、个人家庭原因（占15.0%），这四项合计占比80.7%；其他因素包括工作环境、人际关系、企业管理方式与态度、生活条件与设施等，合计占比19.3%。

总的来说，员工离职的原因主要有三个方面。

1. 员工个人因素

企业中的优秀人才普遍更加重视个人的成就和发展，如果员工发现在目前所待的企业长期无法实现其职业生涯的目标，他们就可能通过流动到更适合自己发展的企业中去学习新知识以提升自身价值，从而实现人力资本的增值。这是企业人才自身具有的特点。

2. 企业因素

一般来说，企业要求人才能够创造价值，而人才要求企业提供发展的平台。如果人才发现企业没有为自己提供适合的发展平台，就可能因不满而跳槽。在现实中，企业的一系列问题成为人才流失的主要原因。

企业存在的不利于人才成长和发展的各种问题，具体表现在以下方面：

（1）薪酬制度不合理，缺乏公平性。这主要表现在两个方面：一是内部不公平，即员工收入不能体现个人能力强弱和贡献大小，企业内部收入差距不能反映劳动差距、劳动成果大小，缺乏优秀人才长期工作的激励机制，使得一些人才丧失积极性；二是外部不公平，即企业员工同其他行业或企业比较，在付出同等努力的情况下，物质待遇偏低，当人才的经济收入很低或者经济收入无法体现个人价值时，人才流失便成为必然。

（2）企业缺乏人才职业生涯规划。企业人力资源管理相对落后，没有将人才职业生涯规划纳入企业人才管理，企业的人力资源管理仍处于较低层次的档案管理阶段；人力资源管理主管没有人才职业生涯管理意识，企业高层领导看不到人才职业生涯管理投资的价值，担心企业开展人才职业生涯管理，人才技能提高会增强员工的受应聘能力，从而加剧人才的“流失”；企业人才也看不到自身的发展前途和晋升的机会，渐渐失去对工作的兴趣与激情，企业的吸引力剧减，人才流失难以避免。

（3）盲目追求人才的高学历。企业拥有一批高学历人才，对企业来说具有战略意义，但如果高学历人才过多，人才积压，企业就不能提供更多适合的岗位与人才匹配，不利于员工发挥专长，造成企业人才不能发挥应有的作用，最终还是留不住人才。

（4）缺乏良好的工作氛围和工作环境。当前，员工渴求企业的价值取向和自身观点的统一，期望企业建设尊重知识、尊重人才的企业文化氛围，形成员工间彼此关心、交往融洽，利于发挥人才聪明才智的工作环境。良好的企业文化氛围被视为积聚人才和留住人才的一条生命线。另外，企业的激励机制、发展前景以及企业领导者的性格特点、行为方式、领导风格、工作能力等因素，也是不容忽视的造成人才流失的因素。

（5）过于注重应聘者的工作经验。有些企业招聘人才时，过分强调工作经验，很少考虑应聘者的价值观与企业的价值取向是否统一，缺乏科学的人才甄选程序。这样可能在短时间内可以得到所急需的人才，但从长期来看，却增大了企业员工的流失率。在这方面，腾讯在招聘新员工时，将认同企业价值观放在第一位，从而规避了单方面注重工作经验的弊端。

（6）企业培训管理失误。如今，越来越多的企业注重员工培训，然而，如果企业培训目的不明确，没有系统地分析培训需求，不清楚培训项目对企业未来发展的作用，以及培训项目对企业人力资源素质和能力的提升程度，其结果有可能是一方面导致培训不足，没有使员工能力通过培训得到应有的提高，造成企业培训无效支出，另一方面导致培训过多，员工在接受培训后，企业无法提供能发挥其所学知识和技能的职位。

3. 社会人力资源优化组合的客观需要

马化腾在创办腾讯以前是一家科技公司的软件工程师，后来辞职创业；马云在创业前是大学教师；李彦宏在创业前曾在美国硅谷一家企业工作，后来辞职归国创业……因此，从某种程度上来说，企业员工离职是社会人力资源优化组合的一种客观需要。

如何避免人才流失

在企业人力资源流动方面，我们往往以人力资源流动率作为考察指标。其中，人力资源流动，是指企业内部由于员工的各种离职与新进所发生的人力资源变动。人力资源流动率则为一定时期内某种人力资源变动（离职和新进）与员工总数的比率，是一个综合性的概念。人力资源流动率是考察企业组织与员工队伍是否稳定的重要指标。

在人力资源流动率中，又有三个子概念，分别是人力资源离职率，人力资源新进率和人力资源净流动率。在实际应用中，人力资源流动率常以月度为单位，这是由于如果以年度为单位，就要考虑季节与周期变动等因素，分析更为复杂，因此，用月度考察离职率比较直观明了。当然，企业根据需要，也可以选择以季度、年度等为时间单位。

人力资源离职率是以某一单位时间（如以月为单位）的离职人数，除以工资册的月初月末平均人数，然后乘以100%。用公式表示如下：

$$人力资源离职率=离职人数\div 在册平均人数\times 100\%$$

在上面的公式中，离职人数包括辞职、免职、解职人数，工资册上的平均人数是指月初、月末人数的平均数。离职率可用来测量人力资源的稳定程度。在一般情况下，企业会在每个月做离职率统计，月度离职率就成了算季度、半年和全年离职率的基数。

在人力资源离职率中，有主动离职，也有被动离职（如企业裁员、解聘），我们通常将主动离职的那部分计入员工流失。员工流失率就是辞职员工占单位时间内员工总数平均值的比例，其公式参照离职率公式如下：

员工流失率＝员工流失人数÷总员工数×100%

人力资源新进率是新进人员除以在册平均人数，然后乘以100%。用公式表示如下：

人力资源新进率＝新进人数÷在册平均人数×100%

人力资源净流动率是补充人数除以在册平均人数。所谓补充人数是指为补充离职人员所雇佣的人数。用公式表示如下：

人力资源净流动率＝补充人数÷在册平均人数×100%

在上述人力资源流动考察指标中，企业尤为关注员工流失率，因为该指标通常可以反映出企业的人才流失状况。我们知道，正常的人力资源流动有利于企业内部人力资源的新陈代谢，但是人才流失，尤其是核心人才的流失，极有可能严重影响企业的正常经营。

那么，企业应该如何避免人才流失呢？

首先，在人才招聘阶段，要诚信招聘，重视企业文化的宣导。

应该说，留住人才要从招聘员工开始。企业在招聘时，应向应聘者提供真实的企业信息，包括工作的内容、环境、政策及管理者风格等。企业对员工提出真实的期望，做出真实的、可以实现的承诺，从而避免人才对企业抱有不切实际的期望。另外，为了增强人才对企业文化和企业价值的适应程度，企业在招聘时要根据其价值观与企业价值理念的匹配程度来决定人才的录用。

在这方面，腾讯在招聘时就注重考查应聘者与企业价值观的契合度，重点招聘“有梦想的实力派”，为员工提供优越的成长空间，这为腾讯凝聚人才起到了很大作用。

其次，在人才使用阶段，企业要完善各方面的人才使用制度。

企业招聘所需人才还只是第一步，如何使用好人才，是人才在企业发挥效用的关键。我国历史上的汉高帝刘邦曾经在点评自己如何取得天下时，就指出一个重要原因是“识人用人”，正是因为用人得当，最终才获成功，可见用人的重要性。

企业在使用人才的过程中，要建立科学有效的绩效考评制度，做到“能者上，平者让，庸者下”，考核标准要具有科学性、具体性、可度量性以及可变性，考核过程要公开、公正、公平，坚持定量评价与定性评价相结合，结果评价与行为评价相结合，个人评价与上级评价、下级评价、同级评价相结合，强化结果导向，注重行为控制，让绩效考核真正发挥激励作用。

企业要建立公平合理的薪酬制度，坚持薪酬标准对外具有竞争性、对内具有公平性，薪酬要以岗位为核心，以资质为基础，以市场为导向，以绩效为依据。同时，在坚持同工同酬的前提下，还要保持一定的灵活性，比如根据人才需求的多元化特点，在薪酬形式上增加诸如健康计划、无息贷款、学习机会以及有薪假期等个性化的福利。比如，腾讯不仅为员工提供在业界颇具竞争力的薪酬，还为员工提供了丰富多彩的福利，从而进一步增强了腾讯对人才的吸引力。

企业要建立畅通无阻的沟通制度，要了解员工对工作、公司以及领导和同事的真实看法。在沟通方面，企业主要可以通过正式沟通和非正式沟通，为员工营造良好的工作环境与氛围：在正式沟通方面，企业管理者不仅要强化协调沟通的能力，还要协调好员工之间的关系，比如在企业内部建立对话机制，提升企业内部的沟通效率；在非正式沟通方面，企业可以通过拓展训练、联谊会、旅游等集体活动来增加员工之间的交流，同时，企业还可以通过建立企业内部匿名的BBS论坛为员工提供发泄不满情绪的平台。

企业还要健全与完善培训体系，坚持以人为本，尊重人才，注重人才培养和发展，根据员工的个性化特点与实际工作需要，有计划地给予员工培训和继续深造的机会，从而增强员工素质与技能，也为企业各类职位提供人才储备保障，以及为企业的长远发展奠定坚实的基础。在人才选拔上，企业应该坚持“内部选拔为主，外部招聘为辅”的原则，为员工制订切实可行的职业发展规划，将员工的发展与企业发展目标有机统一起来，为人才描绘美好的发展前景，让广大员工看到未来发展的希望。

应该说，在避免人才流失方面，腾讯几乎满足了上述各项要求，正是因为这样，腾讯在各个发展阶段才得以能人辈出，成为互联网世界里的一支中坚力量。

面对员工离职怎么办

在应对员工离职的问题上，企业可以从多方面建立规章制度来限制人才的流失，比如，调整人才离职成本，离职成本可分为硬成本和软成本两种。在硬成本方面，人才在与企业签订合同的期限内离职，需向企业支付一定的违约金、培训补偿金等费用，对于掌握企业核心技术的专业人才要通过签订竞业限制协议，缩小其跳槽后的就业范围；在软成本方面，公司通过对人才采取经常性培训、支付关键岗位津贴、提供贷款购车购房、缴纳补充商业保险等政策来增加人才离职的机会成本。当然，在具体操作时，企业要注意软、硬成本的有机结合，通过软成本方面的巧妙设置，减少硬成本的制约给人才带来的不良感受。

企业还可以通过弱化市场吸引力来限制人才流失，比如：企业可以强化自己与竞争对手的比较优势，弱化市场对人才的吸引力；企业还可以通过降低岗位技能的市场通用性，来适当规避员工在市场上的通用性技能较强而带来的不稳定性。

另外，如果员工离职已经无法挽回，这时，企业要建立完善离职面谈及回流激励制度。在现实中，无论企业的人力资源管理多么合理，难免也有不周之处，因而无法完全避免人才的流失问题。为此，企业要理性看待员工离职问题，将员工离职带来的人才流失影响降到最低程度。

具体来说，企业应建立和完善离职面谈制度，跟离职人才进行诚恳面谈，了解其真实的离职原因，并表明挽留的态度。这时，企业最好采用多听少说的柔性沟通方法，让离职人才感觉企业的重视和温情，使其愿意倾诉内心的感受。另外，企业还要防止员工离职带来的“多米诺骨牌效应”，通过面谈传达出企业重视人才、尊重人才的精神，这对增强企业的人才吸引力大有益处。

与此同时，企业还要根据人才离职的原因及时采取补救措施，这有利于企业和员工间保持良好关系，还有利于企业建立回流激励制度。在人才流失后，企业应与人才保持良好的关系，这有助于为企业带来长远的利益，还能传达正面的信息给在职员工，增强员工的忠诚度和归属感。

企业除了与离职人才保持良好的关系外，还要建立离职人才，尤其是核心人才重返企业的激励机制，经常传递欢迎离职人才“回家”的信息，并传达类似“如在新企业不如意，本企业大门随时为你敞开”的信息，表明“人虽已走，茶并未凉”。当然，企业在采取这些做法的同时，要避免不道德的“挖墙脚”的做法，主要是为了表达企业的一种爱才惜才的理智和宽容。

在离职员工管理方面，腾讯安排了专职人员对离职员工进行长期的联络和维护。可以说，管理离职群体也是腾讯HR工作的一部分。对于离职员工来说，即便离开了腾讯，过去通过团队合作形成的独具特色的腾讯文化也是抹不去的，腾讯HR希望这种文化在员工离开腾讯后还能继续发挥效用，维系腾讯情谊。我们在前面提及，腾讯的离职群叫“南极圈”，这是由于腾讯的标志为企鹅，而南极正是企鹅的栖息地，可见腾讯在对待离职员工问题上的用情之深，用心之诚。

腾讯建有很强的人才库，即便员工离职，员工的联系方式以及今后的走向，都会有专人跟进，HR能够清楚地知道离职员工在做些什么。如果有机会，还会与离职员工产生关联，让他们知道腾讯仍在关注着自己，也让他们明白，员工选择离职，既不是员工不好，也不是企业团队不好，只是在某个节点上双方不再适合，所以分头去找更适合的合作人，大家只是暂时分开。

比如说，腾讯不少离职员工选择了创业，在这些离职员工的创业期间，腾讯会为其提供相应的支持，通过“南极圈”平台予以资源对接，当离职员工的创业项目能够跟腾讯产生最大效益关联时，腾讯会在第一时间站出来，把这些员工再吸收回来，如通过公司间的收购、并购等。当然，离职员工也可以通过腾讯的离职通道再主动回来，将创业项目再回流到腾讯平台上。

另外，通过与离职员工的交流，腾讯HR也能够进一步知道企业在员工满意度方面的不足和潜力，会继续优化管理，提升在职员工的满意度，适当规避人才流失。

总的来说，对于人才流失，企业要有开放的胸怀和足够的气魄，要建立一套清晰的管理机制，树立良好的用人理念，为人才提供一个光明的发展前景，并且提前做好人才流失的管理应对工作。这样的话，企业就会在人才流失问题上变被动为主动，从而为企业发展提供保质保量的人力资源。

腾讯终身荣誉顾问

迄今为止，腾讯公司的“五虎上将”，即五位创始股东CEO马化腾，CIO（Chief Information Officer，首席信息官）许晨晔，CTO张志东，COO（Chief Operating Officer，首席运营官）曾李青，CAO（Chief Administrative Officer，首席行政官）陈一丹，其中，曾李青、陈一丹、张志东已经先后转任公司的终身荣誉顾问，并从腾讯离职。在腾讯，终身荣誉顾问是为创始人设置的一个职衔，表达了创始人即便从腾讯离职，公司仍会一如既往地珍惜他们过去的努力和付出，始终不会与他们失去联系。

曾李青是深圳乃至全国第一个宽带小区的推动者。当时，做小区宽带是一个系统集成项目，操作比较繁杂，既需要去买设备，还需要加价卖给地产商，而实际上，电信设备提供方的报价与地产商能承担的价都一样，都是120万元，在旁人看来，这样的项目肯定无法操作了，即便操作也无法盈利。然而，曾李青却出色地完成了。原来，在项目操作中，曾李青把财务、行政和采购等相关部门的人集中到一起开会，为大家做了分析：“我们跟设备提供商签订设备购买的协议，约定在实施工程的一年中，根据工程的进度和当时的设备时价来付款，这样的话，在一年之内，我们通过最多80万元就可以拿下设备；同时，我们抓紧和地产商签协议，让地产商先付全款120万元，这样的话，一年之内余出的40万元现金流又可以操作其他项目，从而实现快速迭代经营与盈利。”应该说，曾李青在20世纪90年代就能以如此先进的市场理念和方法来操作系统集成项目，在当时简直堪称“市场奇才”。

还有一次，已经担任腾讯COO的曾李青请自己的一位老同事来腾讯讨论一个项目，会议中突然网络不通，打电话叫有关人员前来维修却迟迟未来，当时，在场的不是曾李青的手下，就是腾讯请来的客户，曾李青却一个人猫下腰，钻到桌子底下，把线路调通。当时很多人感慨，曾李青很实在，而且是个能做大事的人。在后来的发展中，曾李青果然不负众望，其实，腾讯早期经营中，多个成熟的商业合作模式就是曾李青带头运作成功的。

2007年6月，在腾讯上市后的第三年，鉴于公司当时已经基本步入发展的快轨道，曾李青辞去公司COO职务，成为“终身荣誉顾问”，也成为从腾讯离职的第一位创业元老。此后，曾李青成为天使投资人，转战投资界，扶植了不少优质的创业项目。

陈一丹是从腾讯离职的第二位创业元老。陈一丹表示，他早在2011年就决定“退隐”了，当时他还给马化腾、许晨晔、张志东等几位创始人，以及公司总裁刘炽平发了一封邮件，正式提出卸任CAO的想法。陈一丹曾全面负责腾讯集团的行政、法律、人力资源和公益慈善基金事宜，还负责集团的管理机制、知识产权、政府关系，为腾讯的发展、壮大发挥过重要作用。陈一丹认为，企业在发展初期，个人特长或许可以起到关键作用，但是越往后发展，一个成熟的企业更应该依赖其形成的文化动力，而非对创始人过度依赖。对此，陈一丹表示：“有的企业一直走下去，但创始人是谁已经不重要了。如何让腾讯成为百年老店，这是我思考的问题。”

2013年3月，腾讯宣布陈一丹正式卸任CAO，同时成为腾讯的“终身荣誉顾问”。在陈一丹辞职当天，腾讯公布截至2012年12月31日未经审核的第四季度综合业绩及经审核的全年综合业绩，财报显示，腾讯2012年全年营收438.94亿元，同比增长54%，净利润123.32亿元，同比增长24.8%。

对于陈一丹的贡献，马化腾这样评价：“Charles（陈一丹在腾讯的英文名）是我和其他几位创始人的中学同学和大学同学，一起参与创办腾讯，长期并肩战斗，亲密无间。腾讯创业过程中缺少Charles不可能成功，他为公司的职能体系、价值观和文化建设以及公益慈善事业的付出独一无二，可以说，Charles在腾讯完美地诠释了‘首席行政官’的定义。他同时也是正直、友善、关爱和信任的同义词。作为同学和伙伴，我对Charles的感谢无法完全用语言来表达。未来，虽然Charles不再担任具体的管理职务，但依然会在腾讯的发展上发挥重要作用。我也祝福Charles成功开启人生新的篇章。”

2014年9月，腾讯另一位创始人张志东正式从腾讯辞去CTO职务，并成为腾讯的第三位终身荣誉顾问。张志东在技术上早已精湛，比如，腾讯QQ的架构设计源于1998年，出自张志东之手，截至2009年8月，QQ用户数从之前设计的百万级到数以亿计，整个架构还在稳健地适用，足见张志东技术上的精湛与深谋远虑。

另外，在员工对企业的贡献度上，张志东认为：“不一定非要在管理层才能对公司有贡献，任何一个员工，都可以为公司发光发热。”可以说，张志东的一系列理念对于打造生生不息的腾讯提供了重要的营养元素。

从腾讯离职时，张志东说："两年前我开始和Pony、Martin深入沟通我的想法，经过多次深入沟通，我们达成了一致。用两年的时间，在公司向移动互联网转型的过程中，帮助技术领军同事成长和完成交棒接力的过程。……离任管理层之后，我新的工作将是腾讯学院的培训讲师，致力于公司技术理念和文化理念的传承工作。在帮助公司技术产品的同事成长助力上，一直是我未完成的心愿和兴趣所在。原来在管理层的工作太忙，很惭愧花在腾讯学院的时间很少，贡献也少。希望退下管理层之后，可以有更多时间完成这个心愿。"

对于张志东在腾讯的重要贡献，马化腾说："对Tony（张志东在腾讯的英文名）转身成为腾讯学院的一名讲师，专注于他一直非常执着和热爱的技术人才培养工作，我也由衷地为他感到高兴。我与Tony的感情不仅于此，四年的大学同窗，十六年的创业伙伴，我们一起共度了比家人还要长的时光。这样的经历，这样的感情，用什么语言去描述都是很难尽述。回想当年，踏入社会工作数年，因我俩都刚好是国内为数不多的互联网寻呼系统的开发者之一，且有着共同的梦想，才有了腾讯创业的开始。从创业初期一直到创业多年以后，Tony都是我们首要依赖的一线技术专家，也是大家的技术主心骨，为腾讯互联网海量服务能力奠定了深厚的技术基础。今天，Tony依然从未间断过对公司技术发展的关注和指导，高度重视人才的培养，哪怕是选择了退出管理岗位，仍然希望坚持这一爱好，留在公司做技术顾问和学院讲师。比技术本身更为重要的是，Tony是公司用户价值观的最坚持的践行人。在总办会议上，Tony是最能站在用户角度毫不妥协的人，始终保持着这份'固执'。Tony这份坚持，也融入了公司的强用户导向的理念基因。"

总的来说，在创始人离开企业的问题上，腾讯均进行了妥善处理。腾讯在创始人离职问题上的妥当处理，并且始终与创始人保持积极友善的互动联系，为很多企业提供了示范。

腾讯链接：腾讯出走员工创业记

在腾讯最初的几十人团队里，已经有超过三分之二的人离开腾讯去创业。比如，我们前面提及的一位创始人曾李青，在离开腾讯后，逐渐转入投资界，开启了另一段创业生涯。比如，在2007年年底，曾李青投资了淘米网，这是一个专为中国儿童打造的综合互动娱乐平台，我们熟知的摩尔庄园、赛尔号、小花仙等互动娱乐产品便出自淘米网。淘米网创始人汪海兵曾是曾李青的部下，即腾讯“QQ宠物”的项目总监，汪海兵当时想做中国最大的儿童社区，找到曾李青后二人开始合作，于是有了淘米网的诞生。

腾讯昔日的“187号”员工陈应魁和“98号”员工王星在2008年选择做了卖电影票的“卖座网”，这是一个集电影资讯、在线购票、用户互动社交等服务的电影互联网平台，提供全国超过3500家影院在线选座购票服务。2014年，华谊兄弟全资子公司华谊兄弟（天津）互动娱乐有限公司以2.66亿元投资卖座网。

从腾讯出走的员工有的仍然活跃于互联网圈，也有经营传统行业的。比如，腾讯昔日的“18号”员工李华则经营了一家创意影楼，远离IT圈，他说："从腾讯出来再创业的人，有做旅游的，有做彩票的，等等，几乎回避了跟腾讯直接冲突。"

我们知道，在腾讯的发展历程中，善于对产品进行"复制"，并且根据用户需求进行"微创新"，这个特点几乎从腾讯最早的QQ就已开始。同样，腾讯系创业者几乎都继承了这个"文化基因"，他们善于找到复制的对象并加以"微创新"。

比如，鉴于在移动互联网时代，手机等数码产品更新换代很快，以及"互联网+"思维广泛传播，腾讯的李枭雅等几位离职员工创立了回收宝，这是一个二手数码回收及环保处理平台，它秉承"互联网+环保"的精神，以及"让闲置回归价值"的经营理念，为用户提供专业、安全、便捷、高价回收的业务。2017年10月，回收宝获3亿元B轮融资，开始全面进入手机后服务市场。

其实，腾讯选择创业的离职员工并非失去了"组织性"，比如，成立于2013年11月11日的"单飞企鹅俱乐部"就是腾讯离职员工的第一平台，腾讯创始人之一曾李青、腾讯前高级执行副总裁刘成敏共同担任单飞企鹅俱乐部的荣誉主席。目前，该俱乐部覆盖腾讯离职员工2万多人。从2014年开始，单飞企鹅俱乐部联合荔枝园、猎云网每半年发布一次《腾讯系创业风云榜》，从而及时洞察腾讯离职员工的创业状况。

截至2017年年底，从腾讯离职的2万多名"单飞企鹅"创业项目近1000个，已经成为腾讯生态的一部分，其中不乏一些优秀企业。在创业领域方面，以2017年下半年评选的15个创业项目为例，覆盖10个领域，其中企业服务、文化娱乐领域各占据3席，互联网金融占据2席，另外，房产服务、广告营销、在线教育、社交、游戏、智能硬件领域均有涉及。这些创业公司几乎都会用到人工智能技术。

单飞企鹅俱乐部还联合荔枝园和猎云网，依据腾讯系创业者的创新性和行业影响力，参照媒体圈、投资圈、老同事评价等多维度评选“腾讯系创业之星”。举例来说，在2017年下半年评选出的“腾讯系创业之星”中，iClick（爱点击）的共同创始人唐健曾在腾讯广告平台部出任产品部门总监，是腾讯广告交易平台的发起人和负责人；追一科技创始人吴悦曾担任腾讯TEG事业群搜索部门负责人、腾讯AI（Artificial Intelligence，人工智能）平台部负责人等，是当时腾讯最年轻的T4级专家工程师；蜜柚互动创始人周蕾曾担任腾讯手机QQ游戏团队主管、手机QQ空间产品主管等；灯塔财经创始人朱留峰曾是腾讯“71号”员工，Q币体系创立者；同行者科技创始人杨德文曾是腾讯“119号”员工，被认为是第一代产品经理；快用云创始人郑长水曾任职腾讯安全中心等。

此外，腾讯系离职员工创立的不少公司已经迈入多轮融资行程，仅在2017年下半年，就有多个腾讯系创业的企业完成不同阶段的融资。比如，朱永敏创立的浅橙科技完成2亿元B轮融资，打造“小额信贷+人工智能”的平台；许单单、马德龙创立的互联网招聘平台拉勾网获得了前程无忧1.2亿美元的融资；向伟昌联合创立的同城货运O2O平台货拉拉完成1亿美元C轮融资；王旭刚联合创立的中小学上门、在线教学品牌轻轻家教完成5500万美元D轮融资；黄鼎隆创立的国内计算机视觉代表企业码隆科技完成2.2亿元B轮融资，成为软银（由孙正义创立，现为阿里巴巴的最大股东）在华投资的首家AI企业等。

总的来说，腾讯出走员工在很多领域，尤其是在创业道路上续写了职业生涯的辉煌，应该说，这与他们受到腾讯的良好文化熏陶不无关系。同时，腾讯一直在与离职创业员工保持着互动和交流，让曾经结下的情谊持续芬芳。

延伸阅读：乔布斯的苹果之旅

苹果公司由史蒂夫·乔布斯、斯蒂夫·沃兹尼亚克和罗·韦恩等人于1976年4月1日联合创立，乔布斯担任苹果公司的董事长兼CEO。1984年1月，苹果公司的Macintosh电脑问世，它的售价仅为2500美元，却有着强大的功能，在当时的个人电脑领域极具竞争力，因此在短短2个月内就销售了5万台，它被认为是第一台具有真正图形界面的个人电脑。

然而，苹果公司当时的竞争对手IBM公司很快推出改进型的PC（Personal Computer，个人电脑），占有了较大的市场份额。苹果方面当时的问题是，还没有应用图形界面的软件可以很方便地在Macintosh上面运行。乔布斯意识到这个问题后，马上邀请比尔·盖茨给苹果写图形界面下的应用软件，用来对付IBM公司。比尔·盖茨则一边给苹果公司开发图形化的办公软件，一边自己开发图形界面的操作系统。

尽管苹果电脑一度热卖，但由于IBM公司不断实现产品升级，以及抢占大片市场，乔布斯又出巨资拍摄苹果广告，等等，苹果公司在1984年的业绩仍然不佳，到1985年居然出现亏损。当时，由于乔布斯的经营理念与当时大多数管理人员的不同，再加上苹果公司在经营上的一度失利，董事会归罪于董事长乔布斯，于1985年4月决议撤销乔布斯的经营大权。1985年9月，乔布斯离开苹果公司。

当乔布斯还在苹果公司的时候，乔布斯力主开发Macintosh兼容打印机的驱动程序，从而使得苹果电脑能够通过施乐公司的激光打印机在纸上打印出屏幕上看到的美丽字体。在乔布斯从苹果公司辞职后，苹果公司正是因为该技术获得了盈利，人们在需要打印的时候才会考虑购买苹果电脑；同时，苹果公司为了保障盈利，减少“不必要的支出”，也逐渐减少了对电脑研发的投入。就这样，在PC市场极度扩张的时代，苹果公司却渐渐退出了PC市场，IBM电脑取代了苹果电脑。

1958年，乔布斯成立了NeXT公司，主要研发高等教育和商业市场上的工作站电脑；1986年，乔布斯收购了一家电脑动画效果工作室，并据此成立独立公司皮克斯动画工作室，在1995年推出全球首部全3D（Three Dimensional，三维）立体动画电影《玩具总动员》，该公司现已成为闻名世界的3D电脑动画公司；2006年，迪士尼以74亿美元收购皮克斯动画工作室，乔布斯也因此成为迪士尼的最大个人股东。

1996年，苹果公司在经营上陷入困局，其PC市场份额也由鼎盛时期的16%跌到4%。与之相对应的是，乔布斯成立的皮克斯动画工作室由于《玩具总动员》而名声大振，其个人身价更是达到10亿美元。

在这种情况下，苹果公司再次力邀乔布斯返回“主政”。1996年12月，苹果公司以4亿美元收购了乔布斯创立的NeXT公司，乔布斯再次回到苹果公司担任董事长。归来后的乔布斯，在苹果公司迅速进行大刀阔斧的改革，停止了不合理的研发和生产，结束了微软和苹果多年的专利纷争，并且开始研发新产品iMac和新型操作系统。

2000年，美国面临科技股泡沫，很多科技公司市值严重缩水。在这种情况下，乔布斯又提出将PC设计成“数字中枢”的先进理念，进一步认为PC数码产品是为了更好地满足人们在某方面的需求，为此先后开发出iTunes和iPod。

2001年10月，苹果推出的iPod数码音乐播放器大获成功，配合其独家的iTunes网络付费音乐下载系统，产品受到了市场的好评和认可，一举击败索尼公司的Walkman系列，成为全球市场占有率第一的便携式音乐播放器。苹果公司随后推出的数个iPod系列产品更加巩固了苹果在商业数字音乐市场不可动摇的地位。2001年5月，苹果公司宣布开设苹果零售店。

2007年6月，苹果公司推出iPhone手机，使用自主研发的iOS系统；2010年6月，苹果公司发布第四代产品iPhone4，引发了世界范围内的销售热潮，此后，苹果公司在智能手机上的“霸主”地位长期维持。除了iPhone系列外，苹果公司还发布使用iOS系统的iPad平板电脑，同样获得了巨大的成功。

2011年8月24日，癌症晚期的乔布斯向苹果公司董事会提交辞职申请，他在辞职信中建议由首席运营官蒂姆·库克接替他的职位，担任CEO，他自己愿意担任公司董事长、董事或普通职员；次日，苹果公司宣布乔布斯辞职，并立即生效，CEO职位由蒂姆·库克接任，乔布斯继续留任公司董事长职位。

北京时间2011年10月6日，美国当地时间10月5日，乔布斯逝世，终年56岁。

总的来说，乔布斯为人类做出了杰出的贡献，他在很大程度上引领了人类跨入PC时代，改变了人们此后工作、生活的方式，对人类发展影响深远；乔布斯推出的音乐播放器，改变了人们获取音乐的方式；他推出的

iPhone系列智能手机，在某种程度上重新定义了手机，进一步在移动互联网时代改变了人们的生活方式。

乔布斯先后领导和推出的麦金塔计算机（Macintosh）、iMac、iPod，iPhone、iPad等风靡全球的电子产品，以及3D动画等娱乐产品，深刻地改变了现代人类的通信、娱乐、生活方式，将会被人们长久地铭记。

附录　马化腾语录

• 做别人做不了的事。

• 坚持每天发现、修正一两个小问题，不到一年就能把产品打磨出来了。

• 腾讯有幸在大浪潮里能够有这么好的一个机遇，包括现在和未来都会有很多新的机遇涌现，更关键还是靠人的意识，是不是真正能去把握好的机遇。

• 在中国互联网发展的早期，对大多数网民来说，据我们了解接触，很多是浏览器都不知道，电子邮件也不知道，就知道上QQ就是上网。

• 我们在创业之前和创业之后都有阅读很多的文章，特别是来自美国硅谷的文章，我们也看到很多翻译者从美国硅谷翻译了很多当时创业的书，都非常励志，而且我们也非常向往。但中国的环境，确实觉得这个还很遥远，我们想第一步还是要生存，你出去怎么办，下一个月的工资和房租怎么解决，你一年内的收入来自哪里。那时候没有风险投资，也没有说靠一个概念大家会抢着投钱，根本没有这个环境，而都是比较务实和比较低调地做事情。长期以来我们都是坚持这个风格。

• 20岁之前我是一个非常内向的程序员，可能管几个人，小团队的头，跟在座很多开发者一样。我周边的人，我父母，包括我自己都不认为我会开一家公司，管一个企业，因为怎么看我都不像这样的人。我唯一的资本是写过几万行的C语言代码，也接过几个项目。但我很想创造一个产品有很多人用，但是原来的公司没有办法提供这样一个环境，似乎只有自己开公司才能满足这个要求，所以我才被迫选择开一家公司。

• 所谓“天高任鸟飞”，所有的人在同一天空下，但生存的维度并不完全重合，麻雀有麻雀的天空，老鹰有老鹰的天空。决定能否成功、有多大成功的，是自己发现需求，主动创造分享平台的能力。

• 不要老觉得你的公司大了，其实如果看一个具体的业务，和其他任何公司相比没有任何的优势，所以一定要把这个心态压下来，像小公司那样灵活，才有可能获得成功。

• 如何将腾讯打造成一个供更多合作伙伴自由创业，供更多用户自由分享的开放平台？这是一个“摸着石头过河”的过程，它需要腾讯内外都改变心态，用更加开放的大脑去迎接变革。这段时间以来，我们已经拥有了一些经验，也总结了很多教训。无论如何，我相信，这是一条正确的道路。我也相信，坚持走下去，互联网新时代的晨光就在不远的前方。

后记　大公司平台，小公司精神

很多企业希望把公司做大，但是大公司又有大公司的难处，比如“船大难掉头”。早在2012年，当公司员工人数接近两万大关时，腾讯一度出现了“大企业病”，诸如内部行政效率降低等。为此，马化腾作为腾讯的掌舵人，开始对腾讯公司大刀阔斧地进行架构重组，目的是让腾讯公司由“大”变“小”，轻装上阵。

对此，正如马化腾所说：“2005年进行组织架构调整的时候，全公司还只有两千多人，七年来的发展，腾讯的人员规模已经是当年的七倍，很多业务线的规模都大于2005年整个公司的规模。”

基于此，腾讯在2012年进行组织架构调整时，注重发挥“大公司平台，小公司精神”的优势。所谓“大公司平台”，就是要积极利用腾讯这么多年在互联网领域沉淀下的雄厚资源，利用社交化、网络化、新技术打造出跨界影响力，根植于这样的大平台，更便于资源整合；所谓“小公司精神”，则是指互联网企业必须保持像小公司那样的反应速度、创业精神、业务导向和管理环境，及时响应客户需求，尊重用户感受，把用户体